出版のすすめ

付録：自費出版実践マニュアル

湘南社編集部

はじめに

本書は書名のとおり、自分の本を出したい人に向けて出版をおすすめする内容の一冊です。ただし、既存の自費出版を単にすすめるものではありません。

わたしはこれまで三十三年間、出版社に勤務し、編集、営業をはじめさまざまな経験をしてきました。一方、自費出版業を営む知人がいて、そこからも多くを学びました。商業出版と自費出版の境い目はどこか、結節点はあるのかということを、ごく自然に考えるようになりました。

本書は、わたしのこれらの経験と考えにもとづいて、これから自分の本を出版したい人に向けて、正直なところをお伝えしたいと思い立ち、一気に書き下ろしたものです。

本書は大きく二部立てになっています。

第Ⅰ部では出版業界の閉塞した現況について、ここ二十年の歴史をふり返りながら解説します。

第Ⅱ部では、書くこと、つまり文章作法について、指南書のいくつかを紐解きながら、わたしの出版社での経験も交えて、秘訣をお伝えします。

本を出したいだけなのに、なぜ業界の事情を知る必要があるのかと思う方がいるかもしれません。手っ取り早く本を作ることだけ教えてほしいと思うかもしれません。ですが、本を取り巻く状況はいま、大きく様変わりしつつあります。もっと言うと、百年に一度の激変期に入っています。こうした時期には、その状況をまずはきちんと把握したうえで自分の本の出版を検討したほうが間違いはなく、失敗の危険も減らせます。

少し遠回りに見えても、結局はそのほうが早く目的地に到着することになります。

また本書では、自分の本を出版することを「自己出版」と呼ぶことにします。従来の「自費出版」よりも少し広く射程をとっています。

一、身内など近しい人への配りものとしての自費出版
二、一に加えて一般の人たちにも読んでもらいたい従来の自費出版
三、より広く読まれる書き手として独立し、それを続けることをめざす出版

SNSの時代ですから、一はそれで代替できるかもしれません。二も、いまはアマゾンがそれを可能にしていますから、一定程度の満足を得ることはできるかもしれません。けれどもそれでは、その先へは今はまだ行けないことを本書では説明します。

また、二と三は地続きであり、距離のあるところでもあります。その距離を縮めるためには、何をどのように心がけるべきかをお伝えします。

泥臭いことを申しますが、書くためには読むことが最も大事なことだと考えます。ここで

も遠回りに見えることが、最短の道であることを知っていただきたいと思います。また、書くことだけに終始してしまうと自分が自分に張り付いた状態となり、近視眼に陥ります。自分臭の強い、くさい本になってしまう。だから、いったん距離をとる必要があります。

第Ⅰ部同様に第Ⅱ部もまどろっこしいかもしれません。ですが、急がば回れということわざは、書くことにおいても真実です。

数多《あまた》ある自費出版への誘《いざな》いがある中、本気で出版を考え、ほんとうに納得のできる出版をしたいと考える方の、少しでもお役に立てれば、それに勝る喜びはありません。読者のみなさまの努力とご健闘をお祈りいたします。

『出版のすすめ』＊目次

Ⅱ　書き方と内容

I　出版の状況

第1章　スマホ時代だからこそ紙の本を

電子書籍リーダーは普及していない

日本で最初に電子書籍が登場したのは、二〇〇四年四月。ソニーが世に送り出した電子書籍リーダー「リブリエ LIBRIe」が先駆けでした。でもこのリブリエは、書籍のコンテンツを一定期間貸し出すという仕組みで、いわば貸本業のようなものでした。したがって、お金を出したにもかかわらず自分の所有物にはならないという中途半端なものでした。

なぜこのようなものが最初だったのかというと、出版社の権利を守るためです。紙の本の売上を奪うことなく新しい技術に対応した電子の書籍を考えれば、当然こうなるものです。したがって、出版社を守ることはできても、電子書籍そのものを普及させることには成功しませんでした。

その後、アマゾンがキンドルを出し、他社もさまざまな電子書籍リーダーを発売しましたが、今はそのキンドル自体も数を一気に増やすような普及を見せてはいません。むしろ日本では、スマホの普及にともなって、スマホで電子書籍を読むほうがメインになっていると言えるでしょう。

かくいうわたしも、少し古い事例ですが『もしドラ』（岩崎夏海『もし高校野球の女子マネージャーがドラッカーの『マネジメント』を読んだら』ダイヤモンド社）が流行った二〇〇八年の時点では、この本をiPhoneでダウンロードして読みました。しかし、わたしのような五十代も半ばを過ぎた者には、iPhoneで本を読むのはやはりしんどかったのですね。もう十年も前のことになるので、今はもっときついと思います。

そのときのことを今でもはっきりと覚えています。この『もしドラ』はわかりやすい小説ですし、話の筋もなかなか面白かったので、ストーリー自体を読むのはとてもスムーズに進みました。ところが途中から、いったいいま自分はこの『もしドラ』という小説のどのあたりに差し掛かっているのかが、わからなくなりました。紙の本ならページをめくりながら、このストーリーがいまここまでは全体の三分の一くらいだとか、半分を少し超えたところだということが手と目でつぶさにわかります。

ところが電子書籍をスマホで読むと、いまここは全体のどこらへんに話の展開が来ているのかが、すぐにはわかりません。もちろん「全＊＊ページのうちの何ページ」という表記は画面にいつも出るのですが、体感でそれを知ることができないのです。これは案外「不安」をともないます。もちろん、慣れてしまえばどういうこともないのでしょうし、ストーリーものでなければ、このような不安もとくに湧いてくることはないのかもしれません。

ただ、この最初の違和感は、わたしには今後もおそらくずっとついて回るような気がします。結局それ以降、わたし自身は電子書籍を読むことそのものをやめてしまいました。出版社の社員でありながら、後ろ向きなことで申し訳ないような気持ちでおりましたが、それが正直な感想でした。

文庫・新書という最強のペーパーバック

一方、日本には文庫・新書という最強の紙のペーパーバックが存在します。文庫（本）は、A6判（天地一四八ミリ・左右一〇五ミリ）の小ぶりなエンドレスシリーズ（これを叢書といいます）です。一九二七年に岩波書店が創刊したのが嚆矢と言われていますが、一九〇三年に冨山房がドイツのレクラム文庫を範にして作った袖珍名著文庫のほうが先という説もあります。戦後になると、多くの大手出版社がこの判型の叢書を出し始め、やがて中堅クラス以下の出版社も、自社本を大手の文庫に取られないようにという防衛的な理由で、一九七〇～八〇年代まで創刊が相次ぎ、現在に至っています。

岩波文庫や新潮文庫などは創刊当初、古典の名著・名作を廉価で一般の人びとに普及させたいという意図で作られたものでしたが、時代とともにその意図から大きく広がりを見せ、現在では「何でもあり」の状況となっています。

新書のほうも、やはり岩波書店が一九三八年に創刊したのが最初でした。こちらはイギリスのペリカン・ブックス（一九三七年創刊）を参考にして作られ、天地一七二ミリ・左右一一二ミリのサイズでスタートしましたが、その後左右は文庫と同じ一〇五ミリとなり現在に至っています。この新書は、すでに岩波文庫を出していた岩波書店の社長・岩波茂雄が、古典を収録する文庫に対して岩波新書のほうは「書き下ろし」を中心として、「今茲に現代人の現代的教養を目的として」創刊したとあります。

その後、一九六二年に中公新書が、六四年に講談社現代新書が創刊し、今につながる「教養新書」の礎が固められました。これら三者（社）はその後も「御三家」と呼ばれて三十年ものあいだ、わが国の教養入門書の雄として出版界をリードしてきました。

同時に、というか後二者よりもやや早く一九五四年に光文社のカッパ・ブックスが創刊されていたことも、後に述べるように、現在の「新書ラッシュ」の一つの流れとして書き記しておきたいと思います。また、科学分野に特化してオルタナティブな魅力を誇る講談社のブルーバックスも一九六三年に創刊されています。

海外の出版事情を見ると、書籍というのは基本的には大きな判型の厚くて重いハードカバー本のことを指すのがふつうです。それが欧米で一九三〇年代になると、ドイツのアルバトロス・ブックスやイギリスのペンギン・ブックス、アメリカのポケット・ブックスなどのいわゆるペーパーバックが創刊され、普及しました。

海外でペーパーバックというと、日本よりも少し広い範囲の本のことを意味します。一般的にはハードカバー（上製本）に対するソフトカバー（並製本）を指すようですが、日本では、ソフトカバー全般をペーパーバックというよりも、文庫・新書というより小さい判型の叢書をそう呼ぶ習慣が出版業界では定着しています。この「叢書（シリーズ）」という点が、ペーパーバックと呼ぶにふさわしい形態だとみなされているようです。

このように日本では、文庫・新書という廉価で持ち運びやすく手軽な書籍形態が発達し普及しているため、同じように廉価で手軽であるところの電子書籍リーダーが、もうひとつ一気に波及しないのだと言われています。

ちなみにこの電子書籍は、二〇〇七年十一月にアマゾンのキンドル・リーダーの第一世代がアメリカで最初に発売され、その後、二〇一二年十月に、日本で初の電子書籍ストアがオープンし、翌十一月にはキンドル・リーダーが発売されました。一台一万二八〇〇円ほどの売価でした。

二十歳代も電子ではなく紙の本

わたしのような五十歳代後半の者には、先にも述べたように、やはり電子書籍よりも紙の本のほうがしっくりくるというのが実感ですが、若い人にはもう電子のほうがフィットしているのではないかと、つい先ごろまで思っていました。

ところが、先日知り合いの二十歳代の女性に何げなく本の話を向けたところ、「私は電子でなくて紙の本のほうがしっくりくるので、紙の本しか買わない」という答えが返ってきました。そこでその後も何人かの若い人にそれとなく聞いてみると、そういう答えの人が複数いることがわかりました。

逆に、わたしと同年代の人たちは真っ二つに分かれました。一方はわたし同様、紙派、もう一方は、電子で読むという者が一定程度おります。でも後者は、あえて背伸びというか進取の気性をひけらかそうと、無理しているように感じられました。

また、日本電子書籍出版社協会のアンケートでも、二十代の若い人たちが必ずしも電子書籍を読んでいるとは言えない結果が出ていました。実際のアンケート結果は、協会の会員社にしか公開されていませんので、ここで数字を挙げることはできませんが、間違いなく若い人たちも、本は紙で、というほうがまだ圧倒的に多いのが現状です。

ただ、今後スマホがもっと一般的になり、学校で使う教科書がデジタル化し、これから生まれてくる子どもたちがそれを当たり前のように使うことになれば、電子書籍の普及が一気に進むことになるかもしれません。そういう時代がすぐそこまで来ています。なぜなら通信会社や電気機器会社の経営者がそれを望んでいるからです。実際、S会社の有名な社長さんが経産省（→文科省）にそのように働きかけているという噂も聞こえてきます。

コミックは電子書籍に親和的

では現在、さして普及していないと考えられる電子書籍はなぜなくならないのかというと、コミックに馴染むからです。マンガ雑誌は部数を下げ続けていますが、反比例するようにコミックを電子書籍で読む人の数は増えています。

出版科学研究所のデータによると、二〇一八年の電子書籍の推定販売金額は二四七九億円、対前年比で一一・九％の伸びを示しました。うち一九六五億円がコミックで、対前年比の伸長率は一四・八％、文字ものはわずかに三二一億円で伸長率は一〇・七％、雑誌が一九三億円で九・八％の伸長率でした。

このように、電子書籍に占めるコミックの割合は、電子書籍のなんと七九・三％も占めるのです。逆に言うと、文字ものはわずかに一二・九％、雑誌は七・八％しかありません。少しずつ伸びているとはいえ、文字ものと雑誌は、電子書籍市場で読者を獲得しているとは言い難い数字となっています。

ただ、電子コミックも、伸長率という点で見ると対前年比ではさほど伸びておらず、値引きや無料キャンペーンなどを各出版社が行うため飽和状態になっているようです。同時に、違法海賊版のサイトがネット上に根強く存在し、二〇一八年には政府もようやくこの問題に対応すべく、厳しい法的処置がなされることになりました。海賊版サイトの「漫画村」が二〇一八年四月に閉鎖され、その後、二〇一九年七月に元運営者が逮捕されたことは記憶に新しいところです。

電子雑誌のほうは、NTTドコモの「dマガジン」やアマゾンの「キンドル・アンリミテッド」など、月額一〇〇〇円未満で数十冊~数百冊の雑誌が読める「読み放題サービス」が多くの読者を獲得しています。もはや一雑誌を単体で読む時代は終わりつつあります。

きちんとしたデータが取られ始めてから、まだ年月がそれほど経っていませんので、どの程度の信憑性をもって言えるかわかりませんが、この傾向は今後も変わらないように思います。なぜならコミックは、①「続きもの」が多いので、その場で次の巻を買いたくなること、②文字ものとちがって画面にコマが馴染むこと、③複数巻をかさばらず重くなく一カ所に収納することができること、といったメリットがあるからです。

すでにコミックを出している大手出版社では、コミックは今後紙よりも電子書籍として推進していくことを決めていて、そのビジネスモデルもほぼ確立されたようです。マンガ、コミックは電子で読むのが当たり前という世代がもうすぐそこまで来ています。また、わたしたち旧世代に人気のあった古いコンテンツ（昭和三十年代のもの）の電子データ化も進んでいるようです。コミックなら文字ものと違ってスマホでも違和感はありませんから、年配世代のあいだでも今後広まっていくでしょう。

アマゾンの個人出版について

『Amazonに最速で電子書籍を出版する方法』という電子書籍が、アマゾンのキンドルで出ています。二〇一八年九月にアップされたものです。この本では、キンドルで電子書籍を出版するための方法が一通り出ているとのことで、レヴューにはこんなことが書かれています。「Amazon出版に関する流れをまとめた完全版です。誰でも出版できるAmazon kindleストアに電子書籍を出版することは簡単です。しかし、いざやろうとするとネット初心者には少しハードルが高い。本書では0→1で出版する方法を網羅しています」。

なるほど、アマゾンで電子書籍を出版するということが、だれでも今はふつうにできるのか、と人びとは思うでしょう。書き手はpublish E Booksとなっています。個人なのか団体なのか、またIT系の人（たち）なのか出版系の人（たち）なのかは、よくわかりません。試しに「なか身検索」を覗いてみると、まず表紙の画像があり、カラーで普通の本と同じような感じで作られています。次のページをめくると、目次らしきものが出ています。1ジャンル選定、2原稿執筆、3タイトル決定、4表紙製作、5EPUB製本、6出版申請、とあります。

さらにページをめくると「はじめに」としてタイトルと同じことが書かれています。次のページでは目次と同じことが本文とは異なる大きな字体で書かれていて、しかも一行ずつ文字の色も異なります。またさらに次のページには「このステップ通りにおこなえば、アマゾンに電子書籍を出版することができるので、焦らずに1つずつ進めていきましょう」とあります。

そして、次のページからはいよいよ本文。「1ジャンル選定」と表題があり、本文が続きます。「おそらく書く内容がないけど出版したい方は印税を稼ぐという目的があるかもしれません。ですので、稼ぎやすいジャンルから選ぶのが良いでしょう」とあり、その「稼ぎやすいジャンル」が次のページに一覧で出ています。そこでプレヴューは終了です。

書きたいこともないのに電子書籍を出したい、つまり単に稼ぎたいという人のための電子書籍制作本のようです。逆に言えば、そういう人たちをターゲットにして、そのターゲットからカネを稼ぎたいというのが、この publish E Books という人（たち）の目的のようです。

現状では、キンドルで本を出すというのは、この程度のものです。出版の仕事に三十数年間、まがりなりにも自分の仕事人生を捧げてきたわたしのような者には、違和感以外の感想は沸きません。

アマゾンのプリント・オン・デマンド

それでは次に、プリント・オン・デマンド（ＰＯＤ）のほうはどうでしょう。こちらも覗いてみることにしました。本のジャンルのところで、仮にということで、「出版のすすめ」と、本書と同じ書名で検索してみたところ、一冊出てきました。それが荒石誠氏の『出版のススメ』です。「すすめ」の表記がカタカナという点だけちがいますが、書名は本書と同じです。

　この本は、アマゾンのキンドルストアで自分の本を作って売っている人が、その本が出来上がるまでのプロセスを書いてまとめた本です。この本によると、アマゾンで自分の本を電子書籍で出版するのにお金は一切かからないということです。アマゾンのアカウントを取得

することが大前提ですが（難しいことではないようです）、さらに言えば、電子書籍にした自分の本をプリント・オン・デマンドの方式で「紙の本」にすることだって、手間と面倒さえ惜しまなければ可能ということです。

　このＰＯＤの本を注文してからわたしの手元に届くまでに三日ほどかかりました。それは普通にアマゾンで本を注文して届くまでの日数と何ら変わりません。定価は一二九六円（税込み・送料無料）でした。ページ数は一二〇ページで、

表紙周りのカバーと帯はありません。表紙はカラーで厚紙を使用していて、帯も同じ表紙の下に刷られています。「思い立ったら、本を出そう！　荒石誠の「ススメ」シリーズ第2弾」とあります。ちなみに第1弾は『破産のススメ』という本だったようです。

封を開けて見た時の最初の印象は、海外のペーパーバックのようだな、というものでした。造本は四六判の並製でカバー無し、帯無し。ゾッキ本というのが昔ありましたが、そんな感じも少ししました。わたしの年代でいうと、旺文社や学研という出版社がかつて昭和四十年代に流行らせた「学年学習雑誌」というのがありましたが、それの付録に付いてくる小冊子といった印象を受けました。

この『出版のススメ』によると、電子書籍を作ってから紙の本にするまでの最初の入り口は、まずアマゾンKDP（キンドル・ダイレクト・パブリッシング）にサインインすることから始まるとあります。実際にアマゾンのホームページで見ればすぐにわかりますが、先の『Amazonに最速で電子書籍を出版する方法』という電子書籍と同じように、こちらも丁寧に出版フロー図というものを途中に載せて、「アマゾンKDPアカウント取得」から始まり「原稿執筆・作成」、最後の「電子書籍出版」までの流れを教えてくれます。

お金をかけずに手間暇を惜しまず、自分の本をアマゾンで出版するという点に限っていえば、まあ悪くないのではないですか、というのが最初の感想でした。

また、そのプロセスを人にも教えて、自分の本をアマゾンで出したい人に貢献するという意味では、価値ある一冊といえるかもしれません。でも、こういうものがまっとうな出版だと思わない者にとっては、なんだか「出版ごっこ」をして遊ぶ「子どもだまし」のようなものに見えてしまいます。

それから、これが一二九六円とはちょっと高いと思います。もちろん本の値段や価値は、人によってさまざまですから、あくまで高いというのはわたし個人の感想でしかありませんが。

出版の王道とは？

ただ、やがては技術の精度が上がり、この「出版ごっこ」も次第に「出版業」のほうへ近づいていくのかもしれません。もはや出版社は不要、アマゾンのＫＤＰに入ればもうそのまだれもが書き手であり出版者でもあるという時代がすぐそこまで来ていると言えなくもないのかもしれません。

それでもわたしには、これが出版の王道になることは当面ないだろうと思えてなりません。なぜなら、出版の目的の第一である「人に読んでもらう」という点において、小さくない欠落があるからです。それは、「編集」および「校閲・校正」という「第三者による客観作業」が少なくとも現状では確立されていないからです。

もちろん今後このＫＤＰがもっと普及し、それにともない、第三者的編集校正機関が脇に成立することは考えられます。あるいはＡＩ技術の進展により、校正や編集、また場合によってはそもそも本を書く作業の全工程をＩＴ技術が肩代わりしてくれる時代がやがて来るのかもしれません。

そうなれば、だれもが書き手であり出版元でもあるという時代に突入して一気にそれが普遍化することもあるかもしれません。でも、いまはまだまったくそこまでには至っていないというのがわたしの見立てです。じつはこの本でもそのことに、少しだけ触れています。

校正作業は、本来それを職業としている人がいるくらいですから、なかなか大変な作業になります。

誤字や脱字がないか？　言い回しがおかしいところはないか？　など、とにかくひたすら直すのですが、これは自分が書いたものだと、どういうわけか見落としが多く難しい作業です。

（荒石誠『出版のススメ』）

著者はまた別のページでも、このように指摘しています。あまりにも誤字脱字が多いまま出版してしまうと、それは「著者としての信用問題にな」ると。そういうことがわかっている書き手だということは評価しますが、本の「信用」というのはそれだけではありません。

すでにこうした校正作業の一部がＩＴによって可能になっているようではありますが、一般に普及するには至っていません。また、誤字脱字のチェックといった作業だけが校正作業のすべてではありません。「独りよがり」の表現や過剰・過少な表現、また微妙なニュアンスなどは、今はまだ人間以外にはなかなかできない仕事です。

それから、組み方という基本レイアウトの点でも、かなり粗い。この本は三五字×一五行という組み方で組まれていますが、ページによって、字間の詰め方がちがっているところがありますし、また、ところどころ文字と文字のあいだに無用なスペースが空いてしまっています。外国語の文字が入るときにその前の行の地（下）の部分の文字が次の行に飛んで空いてしまう、などの欠陥があちこちに見られます。

もちろん、本は中身が問題なのだから見てくれはどうでもいい、というのであればそれで構いません。ですがこうしたことがおざなりですと、この本の著者も言っているように、「信用」の問題になります。そうであるならば、そうした点にもきちんと目配りができ、技術的にもきちんと完成形に仕上げていくことを目指さなければならないと考えます。

くどくどと書いてきましたが、ここで申し上げたいのは次のようなことです。

二〇一九年現在の出版の状況をさまざまな観点から鑑みたとき、少なくとも向こう数年から十年は紙の本が主流であることが変わらず続くであろうこと、そしてそれを前提としたとき、自分の本を世に問いたいと思うのなら、紙の本をきちんとした形で世に送り出すことを目指すべきであること、さらに自分の本を出すにあたっては、「良き第三者」の存在が必須であること、です。

このあとの章では、これらのことを、順を追って説明してゆきたいと思います。

第2章　出版業界の閉塞状況

一九九六年をピークに右肩下がり続く

出版業界はかつてパチンコ業界とほぼ同じ二兆円産業と言われていました。今では完全に追い抜かれ、出版業界のよき時代は過ぎ去りました。

出版科学研究所のデータによると、一九九六年がこの業界のピークで、出版物の推定販売金額は二兆六五六四億円、その内訳は書籍が一兆九三一億、雑誌が一兆五六三三億円でした。それから二十二年経った二〇一八年には、総額が一兆二九二一億円、内訳は書籍六九九一億、雑誌五九三〇億円と半減しました。なかでも雑誌の落ち込みは激しく、紙で雑誌を読む人がいかに少なくなったかが、この数字から類推できます（30ページのグラフ参照）。

この逓減傾向は今後も続くものと見られています。その原因のひとつは、インターネットの普及であることはほぼまちがいないでしょう。ただ、その原因をすべてインターネットの普及に負わせるのは、少し都合がよすぎるのではないかと、わたしは思っています。

原因のもうひとつは、雑誌を中心として構築されてきた出版流通のしくみの衰退にあると

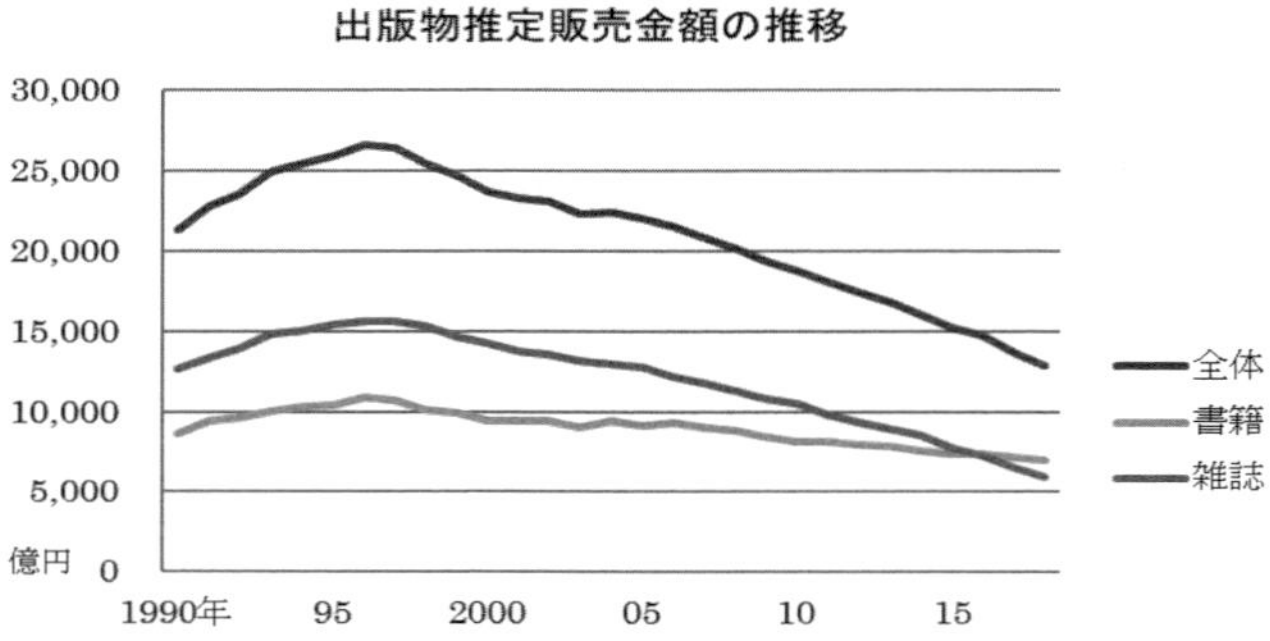

（出所）出版科学研究所

も言われています。海外では、そもそも雑誌と書籍は扱いが異なり、それぞれ別の流通ルートを持っています。そのそれぞれにおいて、他国では各々商業として成り立つように作られてきましたが、わが国においては、雑誌の発展によって流通ルートがまず作られ、そこに書籍の販売も乗せられて共にこれまでやってきたというのが実情でした。

わが国の出版業界は戦前から講談社、小学館という大手出版社がリードしてきた歴史があります。かれらはもともと雑誌の出版社であり、そこに書籍も乗せるようになった。またこれら大手出版社は、流通の問屋である取次の株主でもあるため、おのずとこれら大手出版社の主導のもとに、出版流通は回ってきたといえます。

ところがその雑誌を流通させるために作られてきたしくみが、その主役であった紙の雑誌が先細ってきたため、出版流通全体が成り立ちづらくなってきたのです。実際、ここ数年の取次の疲弊はかつてないほどに大きなうねりとなって、出版業界全体を大きく揺さぶり続けています。

出版流通のしくみ

出版業界の流通は、卸問屋である取次会社がチャネル・リーダーの役割を担っています。取次会社は現在、日本出版販売とトーハンという大手二社の寡占の状態にあります。もともと取次会社は明治時代のはじめ頃に専業会社が出てきて、大正期に入るとさまざまに分化し、三百社ほどが立ち上げられました。

ところが昭和になり第二次世界大戦が始まると、戦時統制の一環として日本出版配給（日配）一社に統合され、他の取次は全部なくなりました。戦後になりＧＨＱの指導の下、独占禁止法の法的理念にもとづき、一九四九年に日配は解体され、日本出版販売と東京出版販売（現・トーハン）に分化、その後、大阪屋、栗田出版販売などが創業、それがここ数年でさらに統廃合し、トーハン、日販、大阪屋栗田の三社体制が主流となり今に至っています。

出版物の価格が定価販売であることは皆さんもご存じのことと思います。この定価販売制、すなわち再販売価格維持制度（以降、再販制度）も、戦後の一九五三年に制定されました。

この再販制度の対象品目は当初、歯磨きや石鹸、合成洗剤やキャラメル、ワイシャツなど九品目にわたって適用されていました。それが一九九〇年代後半には、新聞、雑誌、書籍、音楽用CDなど六品目にまで限定されました。

再販制度は、独禁法の適用除外品目として扱われています。独禁法の番人である公正取引委員会の基本理念は、あくまで公正で競争的な取引形態の実現です。それが基本ですから、なるべく適用除外品目を認めたくないのです。ところが出版物を含む著作物に関しては、単なる商品という側面だけの扱いではなく、言論を司る文化資産でもあるという点からみて、定価制度を遵守することを認められているのです。先進国でも同様の考えにもとづいて再販制度を出版物に適応する国が複数あります。ちなみに米国は認めていません。

ここで重要なことは、公取はあくまで再販を承認しているだけであって推奨していないという点です。つまり「法定再販」ではないということです。したがってここ数十年の間、出版業界と公取とのあいだではさまざまな攻防が繰り広げられてきました。現在は、二〇〇一年三月に公取から出された再販制度を「当面存置」するという見解のもと、業界では再販制度の維持が引き続き承認されたという共通認識を持っています。ただし、電子書籍については「物」ではなく情報なので再販制度の対象外という見解が公取から出されています。

こうした定価販売制度を守るための要の仕事も、取次が担っています。あくまで作り手である出版社の意思次第で再販制度は遵守されたり外されたりできるというのが基本です。流通の過程においては、出版社－取次間、取次－書店間で、再販売価格維持契約が交わされ、定価販売を縛っているのです。このように取次というのは流通において、大変重要な役割を担ってきました。その取次が近年、大変な苦境に陥っています。

取次の疲弊

二〇一四年に取次第三位の大阪屋が傾き、小学館、講談社はじめ大手出版社の増資によってなんとか破綻は食い止められました。これは、二〇〇〇年からはじまるアマゾンジャパンとの取引が、二〇〇八年から二〇一二年にかけて日販へ移行したことに起因するところが大きかったようです。アマゾンは、取引条件では常に他の書店よりも優遇されることを取次に要求すると言われています。大阪屋も当時このアマゾンの要求に応えざるを得なかったようです。

その結果何が起こったかというと、出版社から仕入れる料率よりもアマゾンに卸す料率のほうが高くなるという、いわゆる逆ザヤの現象が起きたと言われています。アマゾンの仕事を請け負えば請け負うほど大阪屋は利益を損なうことになるわけです。これはもはや「商売」ではありません。結局、アマゾンからのさらなる要求に応えることはできなくなり、アマゾンは日販との取引へ移行し、大阪屋は楽天が資本提携することで会社の体を保ちました。

その後、二〇一六年六月には取次第四位の栗田出版販売が経営破綻に陥り、民事再生法の適用を受け、裁判所の管轄となりました。中堅クラスの出版社でも、これによって千万円単位の焦げ付きを出しました。二〇一七年の春には先の大阪屋と栗田出版販売が合併する形で、新たに㈱大阪屋栗田として再スタートしました。ところがその後また、業況の厳しさからか、第三者割当増資を行い、楽天が五〇％を超える株式を取得し、事実上、楽天の子会社となりました。のちほどまた触れますが、書店の大手である丸善＆ジュンク堂を抱えるＣＨＩグループも、二〇一七年の年末には、ほぼ全面的に大日本印刷の子会社になりました。

栗田出版販売に続いて、取次第六位の太洋社も二〇一七年の春に破綻し会社を閉じました。取引書店のひとつだった老舗の芳林堂も、このときに他社へ買収されました。芳林堂の太洋社への長年の未払いが原因で共倒れとなったというのが、太洋社の言いたいことだったように記憶しています。

二〇一八年の年明けから、各出版社を脅かす要求が、取次三社から持ち掛けられました。日販、トーハン、大阪屋栗田の三社から、輸送運賃協力という名目で、事実上の正味下げ（取引条件変更）要求が突き付けられたのです。日販は取引出版社上位二〇〇社に「お願い」し、トーハンは上位三〇〇社に掛け合ったと言われています。各社内容は異なりますが、大手をはじめとする各出版社に対し損益計算の表を作成し、それを元に協力金を要求しました。取次によってはずばり「〇〇千万円支払ってほしい」とか正味を××％下げてほしいと露骨に要求してきたところもあったようです。

これには多くの出版社が戸惑い、反発しました。ですが、物流業界の人手不足による厳しさは出版業界のみならずコンビニをはじめとする他業界でももはや自明のことでもありました。それゆえ出版社も、なにがしかの協力をせねばならないという認識は持っていました。

それにしても要求された数字の中身がよくわかりません。それについての質問の返答によると、大きな物量を売りさばく大手書店に対しては報奨金を多く支払うしくみがあり、その分をそのまま出版社へ要求するというもののようでした。これには、各出版社がそもそも論として商慣習的にもおかしいのではないかと反論したと聞きました。

それ以上の詳細はここでは省きますが、一九九六年にピークだった出版業界を支える出版流通は衰退の一途をたどり、二〇一八年五月には最大手の日販の社長が懇話会の場でこのことに触れ、次のようなコメントを出し、賛否を巻き起こしました。取次事業が赤字に転落したことを報告したうえで、「誇張ではなく崩壊の危機にある」と。

そしてまた、二〇一八年の十月には、三和図書が取次業務を終了する旨、各出版社と書店へ通達を出したという報道がありました。

このように、日本の出版流通はいま、大きな転換点に差し掛かっています。小さい取次はもとより、大手さえも存続が危ぶまれる事態へと至っております。個人的には、痛みを伴ってでも、次代につながる新しい流通の形をなんとかこの数年の間に再構築してほしいと切に願っております。しかし、現状、修復手術は困難な局面にあると見えてしまうことも否定しきれません。

アマゾンとその他の書店の現状

「朝日新聞」二〇一八年一〇月二七日に「本屋さんが減って寂しいですか?」と題した記事が出ていました。この記事によると、表題の質問に対して七七%の人が「はい」と答えています。記者も「私事ですが、近所の行きつけの本屋さん2軒が閉店し、日常の何かが失われたという気がしています」という実感の一文から始めています。このあと本文では、ネット書店の成長は時代の流れだから仕方がないという意見も紹介していますが、概ね本屋がなくなるのは残念だといった論調で締めくくられています。

記事中で、へえ、と思ったことがあります。「本屋さんの経営を支えるには?」という質問に対して、一六三三人の回答者のうち八一四人が第一に挙げているのは「書籍流通の改革」という答えでした(複数回答)。二番目が「書店と他店の連携」で、ほかにも「補助金や税の優遇措置」とか「大型書店の出店規制」などがありました。

このように、一般読者の目にも、出版流通の改革が必要だと映っていることがわかり、わたしも驚きました。

ところで書店の衰退を語るにおいては、アマゾンの影響を無視するわけにはいきません。アマゾンが日本に上陸してアマゾンジャパンを設立したのは一九九八年九月でしたが、実際にサイトを開いて販売を開始したのは、その二年後の二〇〇〇年一一月でした。それからわずか二〇年足らずで、いまやアマゾンは、たいていの出版社での売上シェア第一位に躍り出ています。出版物のジャンルによって異なるところもありますが、個店単位のみならず、法人単位でみても、日本の書店業の中で現在、事実上トップに君臨しています。

リアル書店がいま、遅ればせながらネット書店機能を含めてオムニチャネル化をめざしていますが、そうした動きよりもずっと前に、アマゾンはひとり、ネットでの本の販売のしくみを構築し、それによって一気に日本の読者を獲得していきました。

実際、アマゾンの企業理念は以下のようにあります。「地球上で最も豊富な品揃え」、「地球上で最もお客様を大切にする企業であること」。どこまでも、顧客第一主義ということです。確かにすばらしい企業理念だと思えます。

ただ、なにゆえ日本の他の書店がアマゾンを目の敵にしているかというと、やはり問題があるからです。問題は税制にありました。

アマゾンから本を買ったことのある人なら気づいていると思うが、売り主はAmazon.com Int'l Sales, Inc. で、輸入した形になっているのだ。現物は国内を出ることはないが、伝票上輸入になるのである。（中略）しかし本の場合は、消費税込みの代金を支払っているのに、Amazon. com Int'l Sales, Inc. は米国シアトルにある会社なので日本の消費税を納めなくてすむ。（中略）二〇一四年四月から消費税が八％に値上げされ、日本の書店との格差は五％から八％になったので、さらに、さまざまな「サービス」の原資にできる。

（高須次郎『出版の崩壊とアマゾン』論創社）

このように、アマゾンジャパンはかつて、消費税を払っていなかったことがわかります。いくら顧客第一主義とはいえ、税を払わず、他書店との不公平な格差が生じていることは看過できません。わが国の既存のリアル書店がいくら頑張ったところで、これでは勝負になりません。そしてその格差分の利益を使ってさまざまな顧客サービス（高須氏の本ではとくに「ポイント・サービス」のことを指している）を行い、その格差をさらに広げようとしていました。

またアマゾンは消費税だけでなく、法人税も納めていなかったようです。

法人税については、二〇〇九年に東京国税庁がAmazon. com に対し〇三年〜〇五年分について一四〇億円の追徴課税をした。ところがAmazon. com の子会社のAmazon. com Int'l Sales, Inc. は、日本国内でインターネットを通じて書籍やＣＤを販売する際、「アマゾンジャパン」（東京都渋谷区）と「アマゾンジャパン・ロジスティクス」（千葉県市川市）に商品の発送業務などを委託、Amazon. com Int'l Sales, Inc. は支店などの恒久的施設を日本国内に持たないため、日本の顧客が買い物をした場合は、米国にあるアマゾン本社から直接購入したことになり、日米租税条約にもとづき日本に納税する必要がないと判断し、申告しなかったと主張した。日米課税当局間の話し合いの結果、米国政府が押し切り、課税は取り消された。（同書）

まるで一九四五年に敗戦してのち、日本は米国の占領下のままですか、と叫びたくなるような実態です。アマゾンにとって日本の市場はまさにタックスヘブンなのでした。

また、電子書籍の配信についてもアマゾンなど海外からの配信だと消費税を払わなくてよいことになっていました。楽天がカナダのKoboを買収して対抗したのも、こうした事情があったからです。しかしこれにはさすがに同業界の人びとが怒り、さまざまな運動が起こりました。それによって二〇一五年の消費税改正で、アマゾンをはじめとする海外からの電子配信についてもようやく消費税が課税されることになりました。

ところがその後もアマゾンが日本に支払う法人税はきわめて少ないのです。それは、日本法人が稼いだ分の利益のほとんどを、米国本社が「販売システムの使用料」として本社に持っていってしまうからです。その持っていかれた後のすっかり小さくなった数字に課税されるのです（前掲書より）。これでは相変わらず国内書店は競争になりません。合法的とはいえ、なんとも腹の据わりが悪くなる話です。

みなさんはどうお考えですか？　どこまでも「顧客第一主義」でいいじゃないか、本の消費者である自分がラクに入手さえできればそれでよいとお考えでしょうか。その横で多くのリアル書店が消えていっています。時代の流れと言ってしまえばそれまでかもしれません。

同様に、アマゾンは日本の取次や出版社にもさまざまな要求を突き付けています。その詳細はもう、ここでは書きません。しかしこうした事態が水面下で進行していることを、ぜひみなさんには知っておいていただきたいと思います。

この四十年の出版界をふり返る

さて、以上のように現在、低迷を続ける出版業界ですが、これまでの四十年をふり返ったとき、いくつかの事象と出版を取り巻く環境の変化の関連性とその流れが見えてきます。

まずはなんといっても一九九二年頃に生じた「バブル経済の崩壊」がこの数十年の中で最も大きい出来事でした。出版というのは、かつては「不況に強い」業種と言われていましたが、それは少し認識がちがいます。

そもそも出版業というのは、先述のように一九九〇年代まではパチンコ業界と同じ二兆円産業と言われ、全体のパイもさして大きくない業界でした。実際、「大手」といわれる講談社や小学館、集英社でも、従業員数はせいぜい千人弱で、売上規模からみても、わが国の経済指標では「中小企業」に分類されています。このように小さな業界において、不況に強いとか弱いとかいったところで、たいしたことではないというのが本当のところです。

また、小さな業界の中で、大手でないさらに小さな出版社というのが、九〇年代までは四〇〇〇社ほどあるといわれ、出版の多様性を保っていました。たった数人しかいない出版社でも、それなりの書き手の原稿をもらって世に送り出せば、それがベストセラーにまでならずともやっていける状況が続きました。

ところが一九九二年のバブル崩壊以後、小さなこの業界にも大きな地盤沈下が襲ってきました。出版というのは衣食住の産業と異なり、景気の影響を受けるのが他業界よりも数年遅いと言われています。したがって一九九二年の不況の影響が出るのはそれから三、四年経過してからと考えられます。本章の冒頭に示した推定販売金額から見ても、一九九六年がこの業界のピークでしたから、バブル崩壊の影響がその数年後に表れたことがわかるわけです。

バブル崩壊までの状況はどうだったかというと、一九八〇年代の前半までは、まだ雑誌が元気で、隆盛を極めている時代でした。その背景には、一億総中流と言われる中で人びとが豊かさを享受する好景気の時代がありました。たとえば西武セゾングループによる文化戦略の一環で、コピーライターの糸井重里氏が「おいしい生活」というコピーを書き、またリブロをはじめとする書店店頭でも様々なフェアやイベントが展開され、書籍も活性化されました。

ニューアカブームといわれる現象が起きたのもこのころで、八二年、八三年には浅田彰や中沢新一が登場し、若い読者を中心に硬派な人文科学書がよく売れました。実はそれ以前の一九七〇年代には、「教養新書」が教養の入門書としてきちんと機能しており、岩波新書の「青版」といわれる青い表紙のシリーズは、当時の高校生・大学生の副読本として信頼を勝ち得ているという下地がありました。アカデミズム（学問）とジャーナリズム（発信）がまだ蜜月に同居している最後の時代だったといえます。

「フロー」から「ストック」へ

一九八〇年代後半から、少しずつ出版を取り巻く環境が変わってきました。当時わたしがいた会社の社長が、あるときこのようなコメントを打ち出しました。「フローからストックの時代へ」というものです。この会社は新聞社と米国の雑誌社が合弁で作った雑誌出版社でしたから、おそらくは米国の出版動向を先取りしてのビジョン提示だったのでしょう。

つまり、雑誌という「フロー」のものを文字通りそのまま流して終わりにするのではなく、雑誌を作るに際して生まれたコンテンツを「ストック」して別の場でそれをまた活かそう、という発想です。それは当時、少なくとも日本の雑誌社にはない発想でした。この「フローからストックへ」という考え方が、その後の新聞・雑誌・書籍の「電子化」に備えるための先駆けにもなるものだったのかと、いまふり返ってよくわかります。あるいはまるで、その数年後にくる「バブル崩壊」を予見していたかのような発想の転換です。

そして、一九九二年のバブル崩壊、その後の出版業界のピークである一九九六年。こうして潮目が変わりました。

けれどもこの間、じつはもっと大きな節目となる事象があります。それは、一九九五年の「ウィンドウズ95」の登場です。この「ウィンドウズ95」の発売によって、その後のメディア環境はまったく変わりました。まさに決定的な出来事でした。これ以降、あらゆるものを電子化して「ストック」していく機運が高まり、実際それが世の中全体に広がりました。その後、グーグルが全世界の図書館の本をすべて電子化するというミッションを掲げ、出版界を揺さぶりました。

こうして「フロー」から「ストック」の時代へと移行していくのですが、そうした潮流は二〇一〇年代まで続き、次に来る潮流へと橋渡しをしました。じつはこの「フロー」から「ストック」の時代へと移り変わるのは、コンテンツの作り手である出版社や新聞社だけではないのです。単に「電子化」の動向に合わせて「ストック」へ移行したわけではありません。書店のありようにも、こうした動向が影響を及ぼしました。

ジュンク堂書店という神戸を発祥とする書店チェーンがあります。この書店が、それまで大型書店といってもせいぜい五〇〇坪から八〇〇坪クラスの大きさだった規模を、一〇〇〇坪を超え二〇〇〇坪級の超大型書店を主要都市に展開するようになりました。それが一九九〇年代後半のことです。このことは、「電子」に限らず、「紙」の本においても、書店が「ストック」の時代へ移行したことを象徴する現象だったとふり返っています。

しかし、ここでもう一つの大きな出来事を忘れては、出版業界のその先を語ることはできません。ウィンドウズ95が発売された同じ年にジェフ・ベゾスがシアトルの自宅のガレージでアマゾンを創業したのです。そしてアマゾンジャパンのサイトオープンが、その五年後の二〇〇〇年一一月でした。これ以降、日本の書店地図および出版業界は大きく様変わりしていきます。

「ストック」から「アーカイブ」に「アクセス」する時代へ

さてその後、インターネットの発達により、だれもがパソコンを通じて世界中とつながることができる時代となりました。するとＩＴ関連の業種がどんどん誕生し、さまざまなサービスがネットを介して人びとに届けられるようになりました。「ストック」化も、ウインドウズ95が発売されてから、かれこれ十数年にもなると、グーグルを典型として、かなりのところまで進みました。
二〇一〇年代になると、もう膨大な量の「ストック」が電子化され、それが次には「アーカイブ」としてあたかも箪笥にきれいに整理されるような形で収納されるようになりました。同時に、IT技術も進歩し、「クラウド」というものが出てきます。そうすると、「ストック」されたコンテンツが収納された「アーカイブ」に、「クラウド」を通じて「アクセス」し、そこでコンテンツを享受する、という行為が一般的になってきます。

これはもはや、自分でストックしたモノを「所有する」必要がなくなったことを意味します。必要な時に、必要に応じて「アーカイブ」に「アクセス」してコンテンツを取り出せば済む。二〇一〇年代の後半には、もうそういう時代に突入しました。もはや自分で「ストック」する必要はなくなりました。「ストック」から「アクセス」の時代へ移行してきたのが、ここ何年かの流れです。

「ストック」を象徴する書店だったジュンク堂の経営も、二〇一七年の後半に大手印刷会社である大日本印刷の完全な傘下

➡➡1980年代半ば➡➡➡➡➡➡2000年代➡➡➡➡➡➡➡➡➡➡➡➡2020年➡➡

フローの時代　　フローからストックへ　　ストックからアクセスへ

↑ ウインドウズ95　　↑ アーカイブ　　↑ クラウド

に入りました。まさに「アクセス」する時代への移行を、小売りの段階にも見て取れるわけです。

こうした流れは、また同時に、出版物の境界を、さらに「あいまい」にすることにもつながります。アーカイブされたコンテンツの中には、かなり古い過去のものも取り込まれていますし、またつい昨日作り出された新しいコンテンツもすぐに取り込みます。いまは紙の本が新刊で出されると同時に電子化されることが主流となっています。

すべてがフラットに

そうすると、たとえば中世に作られた『源氏物語』と、つい一年前に出た『マンガ版　君たちはどう生きるか』が同じ収納庫の中でフラットに並んでいるようになります。もっといえば、『枕草子』とあなたが今年出す予定の自己出版物が同列に並ぶことになるのです。

こうした「アクセス」の時代への移行を別の点から窺うこともできます。文庫の作品で、何十年も前に出たものが今、爆発的に売れるということがあります。たとえば、外山滋比古さんの『思考の整理学』という文庫が二二〇万部を超える売行きを見せています。この本の初版が出たのは一九八三年で、毎年少しずつ売れていましたが、二〇〇七年に再度大きく火が付き、その年だけでも五十万部を超える売れ行きを示しました。

これは昭和から平成へという時代を貫いて「ストック」から「アーカイブ」、そして「アクセス」する時代へという移行そのものを、紙の本で体現するとこういう売れ方になる、ということを見せてくれたいい例だと思います。

名著である古典というのは、昔から長い年月の風雪に耐えて今に残ってきたコンテンツです。また、文庫という器は、そもそも「二次生産」物ですから、新刊ではない。そうした性格もあってのことではありますが、今は文庫も新書も、書き下ろしも二次生産も、すべてが「あいまい」なものとなり寄り合っているように見えます。こうしたことは以前からあったことではあるのですが、「アクセス」の時代になり、それがさらに加速されたと言ってよいのではないかと思います。

こうした「フラット」化によって、古い本も新しい本も、また有名な書き手の本も、無名な人の本も、すべて横並びとなり、必要な人が必要な時にアクセスしてコンテンツに触れ、取り出せばいいものへと移行しているのです。

モノからコトへ

同じように、小売りでも、リアルな書店店頭で買うのか、ネット書店で買うのかという二者択一ではなく、セブン&アイ・ホールディングスなどが始めている「オムニ・チャンネル」

が当たり前になりつつあります。先ほどのジュンク堂書店も、店舗＋honto（ネット書店機能）の全包囲型で読者に対応しようとしています。

また、これは小売りだけではなく出版社の側にも求められていることですが、人びとの関心が、「モノ」から「コト」へ移り変わっています。読書という場合、ただ単に本という「モノ」を読むという行為だけではなく、書き手なり編集者なり売り手なりが、店頭や会場などで講演をしたり、トークショーなどのイベントをする「コト」にアクセスすることが読者から求められているのです。

こうしたモノからコトへと変容するユーザーの欲求に、きちんと応えられる出版社や書店だけが今後生き残っていくことになると思います。さかのぼると、新しい時代の要請に応える出版の形を知りつつ、自分の本を出版することが今後意味を増すことになるのです。

第3章　商業出版と自己出版

商業出版と自己出版は何がちがうのか？

前の二つの章では、出版業界の厳しい現状について述べてきました。インターネットの発展と普及、それにアマゾンの書店業への参入が出版業界を変えてきた要因と考えられます。ピークだった一九九六年から現在までの二十数年間で推定販売金額は半分に落ち込み、なかでも紙の雑誌は今後も厳しい状況が続きそうです。

そんななか、ブログを立ち上げて自分の言葉で発信する人たちが増えたり、ネット上で自分の本を出す人が出てきたりしました。「活字離れ」といわれますが、ネットまで含めて見たとき、それは事実ではないように思います。

だからといって、電子書籍が紙の本を駆逐するほど増大しているわけでもありません。コミックは確かにスマホやタブレットで読むのに適した性格を持つこともあり、電子への移行をかなり果たしつつあります。この分野は、この新しいビジネスモデルで今後も伸びていくことになるでしょう。

一方、文字ものといわれる読み物、つまり文芸書や人文書やビジネス書などの一般書、それに各学問や技術に特化した専門書は、この限りではありません。新書をはじめとする足の速いペーパーバックは一部電子市場でも読者をそれなりに獲得しているようですが、総じてまだまだ紙の本のほうが人びとに多く読まれています。第1章でも述べたように、わが国には、文庫、新書といった独特のペーパーバック文化が根づいていること、思ったほど電子書籍リーダーが普及していないことが、その要因だと思われます。

そんななか、大手出版社をはじめとする商業出版社を取り巻く世界は、ネットや電子の影響を受けて、流通が大きく疲弊し、大手取次の存続さえも危ぶまれています。この厳しい状況の下、編集現場ではどのようなことが生じているのか。また、書き手の側にはどのようなことが起きているのかについて、考えてみたいと思います。

本書では、出版社が著者に印税を払ってほかの要素をすべて引き受ける普通の出版形態を「商業出版」と呼び、書き手が自ら主体的に「書いて世に送り出す」ことを「自己出版」と呼ぶことにします。本書でいう自己出版と自費出版はどこがちがうのか。既存の「自費オンリー」で作るとは限らない、という点が少し異なります。

第1章で紹介したアマゾンＫＤＰを使った廉価な出版から、商業出版社に持ち込み、そこから出版することまで少し広く捉えているため、自費とは限らないという理由で「自己出版」と呼ぶことにしました。既存の自費出版をもちろん含み込んでいます。けれども時代は進みました。自費出版の概念自体をより広く幅を持たせて捉える必要が生じているのです。

教養新書の性格が大きく変容

先に、日本の場合、ペーパーバックというと文庫か新書のことを指すことが多いと述べました。わたしは一年ほど前まで、ある中堅出版社に勤務しておりました。そこでは、長らく新書の編集部に所属し、編集長も何年か経験しました。そのころのことをふり返りながら、ここ三十年ほどの間の商業出版の推移をざっと述べてみたいと思います。なぜなら、新書の推移で、出版の中身の変容が見えてくるからです。

新書という器は、先にも書きましたが、かつては岩波新書、中公新書、講談社現代新書の三社の教養新書しかありませんでした。より正確にいうと、新書の判型で、多ジャンルの内容を盛り込んだシリーズというのは以前からありましたが、実質「新書」と呼ばれたシリーズの基本は「教養新書」で、それはこの御三家といわれる三新書を指していました。

「教養新書」以外の「新書サイズ」のシリーズとしては、サイエンス系の講談社ブルーバックスなどのいわば「専門新書」の流れも長い歴史を誇ります。一方、やはり「新書サイズ」の器に実用的な内容を盛り込んだシリーズというのも以前からありました。光文社のカッパブックスや、ごま書房が出していたゴマブックスなどがそうです。

わたしの個人的な捉え方ですが、「教養新書」＝ホワイトカラー、「専門新書」＝専門職、「実用新書」＝ブルーカラーという職業の線引き（色分け）と同じような棲み分けが、無意識のうちになされていたのではないか、と。必ずしも出版業界で一般的な見方ではありませんが。

こうした棲み分けが壊れ始めたのは、一九九〇年前後からだと考えています。教養新書の雄である岩波新書に、それまで教養ものとは見なされていなかったコンテンツがラインナップされるようになったのです。たとえば、椎名誠『活字のサーカス』（一九八七年一〇月）、水木しげる『カラー版　妖怪画談』（一九九二年七月）、永六輔『大往生』（一九九四年三月）。

その直後の一九九四年九月に、ちくま新書が創刊し、「教養新書」への久しぶりの参入となりました。正確にいうと、一九九二年に丸善が丸善ライブラリーという新書サイズのシリーズを出したのが先なのですが、現在は刊行を停止しています。「教養の復権」を前に出してちくま新書は創刊されました。売れ行きのほうは最初の一年こそ良好でしたが、三年もすると早くもじり貧となりました。そんな折、ちくま新書の『もてない男』（小谷野敦著）が、岩波新書の「既存の教養新書らしくないラインナップ」に続く形で、一九九九年一月に出て、評判となりました。

その前後には、一九九六年にＰＨＰ新書、一九九九年には平凡社、文春、宝島社、集英社の四社が参入し、二〇〇〇年には角川、二〇〇一年には光文社がカッパブックスから派生させた形で光文社新書を創刊、そして二〇〇三年には新潮社が新潮新書を創刊し、「教養新書」

創刊ラッシュはその後も数年続きました。

こうして「教養新書」は、「学問・教養への入門の器」から「何でもあり」のシリーズへと変容していったのです。よく言えば、多様なコンテンツが安価で読めるようになった。悪く言えば、玉石混交の安定感のないシリーズになってしまった、ということになります。

新潮新書の創刊は、これらの中でも、とくに「何でもあり」を新書に持ち込む極めつけの新書となりました。その代表が、養老孟司氏の『バカの壁』（二〇〇三年四月）と藤原正彦氏の『国家の品格』（二〇〇五年一一月）です。どちらも「教養」から外れているわけではありませんが、それまでの教養新書が持っていた学問入門の性格からはみ出すものでした。これ以降、新書という器が完全にストックからフローへと移行し、月刊雑誌的なものへと変容したのです。前章で述べたフローからストックへの真逆を、新書という器においては、体現しました。それは、雑誌というフローを新書という最もフローに近いストックとしての書籍に、各雑誌社が入れ替え、参入したがために起きた現象でした。

もう少し捕捉しますと、二〇〇一年の光文社新書の創刊は、まさにホワイトカラーとブルーカラーの境界線を完全に乗り越えた時代を象徴する出来事でした。当時をふり返ると、一九八〇年代後半から九〇年代というのは日本社会がまさに「一億総中流」といわれた豊かな時代だったのです。その直後の一九九二年頃に「バブル」が崩壊し、景気は一気に冷え込み、それから「失われた二十年」が始まりました。こうした時代背景が、当時の「新書ラッシュ」につながったことはまちがいありません。

多くの読者がそれまで本の購入に、それなりのお金をつぎ込んでいましたが、バブル崩壊によって消費者の生活防衛は強まり、本にかける費用は抑えられました。そこへ「新書」という廉価な器が続々と登場したのです。こうした背景が相まって器の性格を変えていきました。それまでの「教養入門」という「居住まいは正しいけれどハードルのやや高い堅苦しい器」から、「何でもありの広い知識を網羅した器」となったわけです。これは同時に、出版というものの境界線そのものを曖昧なものにしていく大きな奔流となったのです。

新書の特性が境界線を曖昧にしていった

新書の特性は二つあります。一つは「定期刊行」であること、もう一つは「書き下ろし」であることです。定期刊行とは、毎月四点なら四点、五点なら五点を必ず出すことです。これは文庫と同じ性格です。一方、書き下ろしのほうは、言葉通りですが、書き手が書いた内容を、雑誌連載などを経由させずにいきなり本の形にして出すということです。文庫のように、一度何かの形で本になったものを「○○文庫」というレーベルに入れるのではなく、すべて書き下ろしてもらうことが基本です。

変容の要因はここにあります。この「書き下ろし」かつ「定期刊行」をぎりぎり守るために出版各社はどうしたか？　著名な書き手をつかまえて、①ホテルなどに缶詰めにして一気に書いてもらう、②口述筆記ならぬテープ起こしで原稿作成する（『バカの壁』はこれ）、③書き下ろしではなく雑誌などでの連載後にまとめる、といったことが、この「新書」で盛んになされるようになったのです。かつてはなかった本作りです。

すると、どんなことが起きるかといえば、著名な著者の取り合い、手間をかけないで一冊を簡単に作る、つまりは粗製乱造、質の低下へとつながっていきました。

それでも毎月定期刊行は崩せません。なぜなら刊行点数が減ると、①逓減し続ける売上をさらに落とすことになるから、②書店の棚が減って他社に取られてしまうから、です。

わたし自身も、当時こうした感覚を持っていました。また、それは商業出版としては毎月刊行の月刊誌を作っているようで、スリリングであり、そこが面白くもあったのでした。でも、各社がそれで競争するとなれば、新書の出版傾向そのものがどの出版社でも似たり寄ったりの同質的なものになってきます。「何でもあり」になったわりに、出版の最も大事なところである「多様性」が細っていく方向へと進みました。また結局は資本力で勝る大手が勝つことになり、小さな出版社は体力を落とし、その局面からも「多様性」はそぎ落とされてしまうという結果になりかねません。

一方、書き下ろしの新書が隆盛となった影響で、①月刊総合雑誌は崩壊（もちろんインターネットの影響もあり）、②単行本の低迷（それまでたとえば一六〇〇円・四〇〇〇部ほどを見込んでいた本の多くが新書になっていった)。

そして、そうした背景をよそに、各出版社の新書編集部の現場では、毎月刊行の絶対性を保つために、より多くの著者を獲得する必要が生じます。書き手の中には超有名な作家や学者、テレビに出る有名人、タレントもお笑い芸人もニュースキャスターも、と広がっていきました。一九九〇年頃まで保たれていた「教養」はすっかり払底されてしまいました、と書くと、岩波や中公やちくまは怒るでしょうから、出版社によりけりと言っておきます。

予備軍としての新しい書き手

そこにもう一つ、「無名の書き手」というラインが「定期刊行」を守り「点数を落とさない」ための予備軍として起用されることが付加されてきたのです。

わたしの世代の一九六〇年頃に生まれた人は知っていると思いますが、かつて円谷プロダクションが作った「ウルトラセブン」というテレビ番組がありました。主人公のモロボシダンがウルトラセブンに変身できない時、やむを得ず急場をしのぐためにセブンの代りに戦ってくれる「カプセル怪獣」というのをダンが持っていました。新書の編集部にも、この「カプセル怪獣」をいつも用意しておかなければならなかった、というのが実情でした。

ではその予備軍は、どういう書き手たちだったのか。

①出版社の実情を知る学者など既存の新書の書き手から「持ち込まれる」弟子筋の若い書き手（これは昔からあったようですがさらに加速された）、②「これならおれにも書けるかも」と考えて原稿を売り込んでくる一般の人たち、でした。こうして「持ち込み原稿」が各出版社に送られてくるという現象が、盛んに生じてきたのです。

わたしが新書の編集に携わった一九九〇年代後半から二〇〇〇年代初頭には、毎年平均して二〇〇通ほどの持ち込み原稿が送られてきていました。目次だけだったり、目次と一章だけだったり、全部だったり。この大量に送られてくる持ち込み原稿に対応するため、「持ち込み処理班」を編集部の中に置いて、毎年交代で準若手の編集者に担当を任せていました。準若手というのは、昨日今日入社したばかりの新人ではなく、三年目くらいの編集者でした。それは、一般読者ならどう見るかというテーマ取りや読みの勘所の訓練になると考えてのことでした。

月に一度、その持ち込み処理班と編集長とで送られてきた原稿をざっと見ながら話をし、ラインナップに入れることができる原稿はあるのかどうかといった小会議を持ちました。それでも、二〇〇通のうち、実際にラインに入り本になったものは年間わずかに一冊あるかないかだったように記憶しています。商業出版と持ち込みとの相性というのは、それくらい距離があるのです。

文章力はさして遜色ない

それら「持ち込み原稿」の文章そのものは、決して下手ではありません。むしろ老齢の学者が書くものよりもやわらかく、こなれていたりするものもありました。けれどもちがう点があります。①テーマ取り、②切り口、③経験や読書の幅と深み、④知名度、です。④は仕方ないにしても、〇〇さんという著名な人から帯の推薦文をもらえるとか、組織のバックアップがあって三〇〇〇部買い上げてくれるという場合もまれにありました。

これは今、出版社の実情でいうと、当時よりもさらにその傾向を強くしていると思います。ただはじめから一定程度の「買い上げ」を見込めることは大きなプレミアムになるのです。ただしもちろん、一般市販して書店の店頭に並べることを前提とした場合に、自社の名前を汚すような内容のものでないことや、どこか一つの組織集団を過剰にもてはやしたり、その反対に誹謗中傷したりといった点がないかどうかが、かなり注意深く吟味・検証されます。

けれども、そうしたことがクリアされたとして、よく考えてみると、「それって自費出版とさして変わらないんじゃないですか？」と言われたら否定はできません。二〇〇に一つといえども、可能性はゼロではないとなれば、この「持ち込み」はなくなりません。どこで線引きするのか、どこを境目にするのかといった各社ならではの決め事があります。その出版社の商業出版社としての面目を保つところのものと思います。出版社の中には、持ち込み一切お断りというところもあるようです。

でもどうでしょう?　線引きがあるにしても、逆にいえば、「自費出版」だってそれならその線引きの「線」のそちら側に入ってしまえるのなら、それこそ堂々と商業出版になるじゃないですか、と逆質問をしたくなるところではありませんか。

で、実際わたしたちのところに届いた「持ち込み原稿」が、その半年後に他社から新書で出た、ということが一回や二回でなく、複数ありました。それも、わたしがいた出版社よりも大きな出版社からです。

文庫にも書き下ろしが入るようになった

一方、書き下ろしではなく、二度目(三度目、四度目もある)のおつとめ(二次生産という)である「文庫」も、事情は年々厳しくなっていきました。新潮や角川以外の中堅出版社でも、かつてはそれなりに著名な書き手(作家が多い)の文庫は、最低でも一万部以上の初刷部数でスタートできました。そういう時代が九〇年代まで長く続きました。しかし二〇〇〇年ごろから部数は少しずつ減っていき、アマゾンのキンドルが出始めた二〇一二年以降にはもう、一万部を超えるスタートができる文庫自体がまれになってきました。

ふつう文庫というのは、親本(一次生産の単行本)が出てから最低でも三年経過してから文庫化するというのがかつての常識でした。それがいまはほぼ崩れてしまい、早いと一年や二年で文庫化します。読者のほうもそれを知っているので、二年待って文庫になってから買おうということになるのです。

ところが一方、図書館というところでは本を無料で読めるわけで、リクエストの中にはベストセラーとなった作家の新作を待つ人がたくさんいます。たとえば村上春樹などは百人待ちになる。そうなると図書館は「複本」といって、同じ本を一〇冊とか二〇冊複数購入し、それで来館者のリクエストに応えます。

しかしそうなると出版社の売上に影響が及びます。文庫の新刊を書店で買う人が減って、図書館で借りる人が増える。それで二〇一六年、一七年頃に新潮社や文藝春秋といった日本を代表する文芸出版社の社長さんらが声を大にして、「複本」はやめてください、「文庫」は図書館では買わないでください、ということを嘆願したのです。

さらには、文庫もいまや「書き下ろし」がふつうに入ってくる時代になりました。時代小説などのエンターテインメントといわれるジャンルほど、単行本で買うのではなく、文庫になるのを待って買うのが主流の読み方になっています。出版社のほうも、それならいっそ最初から文庫で出してしまえ、ということになり、佐伯泰英さんの新作などは出版社五社、六社を順番にくるくる回しながら、文庫書き下ろしで出すという方向に舵を切って数年になるようです。

このように、かつての常識だった、新書＝書き下ろし、文庫＝二次生産という了解事項も、今ではその境い目が曖昧となり、出版の世界はさらに混沌としてきていると言えます。ですから「持ち込み」も、新書のみならず、今後は文庫にもありうることと考えられるのかもしれません。

厳しい状況下で新しい書き手がすべきこと

商業出版社でここ数年、どのようなことが生じてきたのか、おわかりいただけたと思います。苦境のなかであえぎながらあがいているといえます。けれども出版社にはそもそも優秀な社員がいます。学歴や偏差値の意味での優秀さではありません。厳しい状況にぶつかればぶつかるほど、それをかい潜ってより多くの読者に届く企画を考え、それを届ける手法を考え出す社員がいるものです。

逆にいえば、そういった本当の意味での優秀な社員がいなければ出版社は成り立ちません。もともと出版社というのは頭の中の企画ひとつで成り立つ業種です。印刷にしても製本にしても流通にしても、企画以外はすべて外注です。設備投資するほどのインフラを持つ必要のない事業なのです。

ただ、既存の「届け方」つまり流通、それに既存の「形状」つまり紙にかぎらない、という、これまでだれも経験したことのない事態に見舞われているのが現在の状況です。こうしたときは、どんなに優秀な人材を抱えていても、それを乗り越えるのは至難の業です。そのような事態が出版業界に襲い掛かっているのです。流通そのもののイノベーションを起こす、あるいはまったく別の形状を生み出す、極端に言えば、そのような対応ができなければ、どんなに優秀な頭脳をもってしても、どうにも立ちゆかない。それが出版業界の現状です。

さて、そうした状況下に、新しい書き手はどうすればよいのでしょうか。新しい書き手は必ずいます。その人たちの「コンテンツ」をどのようにすくい上げ、どうやって読者に届けるのか。今のところわたしにもわかりません。ただ言えることは、変わらざるを得ない出版状況のなかで、それでも「中身のあるコンテンツ」は常に生み出されており、それは既存の有名な書き手のみならず、まだ世に出ていない氷山の下にうごめいているのです。

そういった新しい書き手にできることは、既存であろうと新しい手法であろうと、なにがしか自分に見合った手法を使って世に出て行こうと努めることだと思います。激動の出版界ではありますが、そうした中にも、読者という人びとは必ずいます。そうした読者に届けるためには手段は選ばない、といいますか、自分に見合った手法で届ける。とりあえずはそうすることだと、今はそのように思います。

体験の独自性と妙味は劣らない

その際に、ひとつお伝えしたいこと、それは、ご自身が書いたコンテンツが、人びとにとって「より間口の広い」ものになっているのかどうか、つまり、より多くの読者が（自分のことのように）興味を持って手に取ってくれるテーマ・内容なのかどうかを、よくよく鑑みることだと思います。

既存の商業出版に持ち込みたいのなら、そのコンテンツが、五千人、六千人に届くのかどうか、そこをぜひ顧みていただきたいのです。逆に言うと、そこを見極めるのが商業出版の編集者の最大の役割なのです。毎年たくさん送り届けられる「持ち込み原稿」を見極める際の視点が、まさにこの「間口の広さ」なのです。これはひとつの能力だと思います。本にするならできるだけ多くの読者が読みたいと思うほうがいいからです。

送られてくる持ち込み原稿を少し時間をかけて読むと、その書き手の独特の体験や感じ方が読み取れて、興味をそそられることがありました。そういう原稿が決して稀でもありません。届いた原稿の中には、文章力があり、内容の独自性や妙味も色濃く、返送するにはもったいないと思えるものもありました。それでもそれらには残念ながら「間口の広さ」がない。その一点の理由で、商業出版には乗らないものと判定されるのです。

逆に言うと、そういったものこそ自費出版するべきだと、わたしは一方でいつも思っていました。「間口が狭い」テーマだったり、一般性に乏しい内容であっても、資料的価値の高い原稿がときどき見受けられました。大部数は取れなくても、一分野の真実を究めた研究成果は、本来、後世のために残す必要があります。

先日も自費出版業をしている知人の手伝いで、アジアのある地域と日本人のつながりを、十七世紀までさかのぼって研究した原稿に出合いました。そこには、これまで大学教授や専門の歴史家がたどり着けなかった海外の史蹟を、自分の足と費用を使って発見した大変貴重な記録が書き記されていました。国会図書館で調べても、そこに出てくる内容は、既存の本の中にはありません。こうしたコンテンツを本の形にして残すことは、かつては商業出版社がやるべき仕事でした。売れる本を出す一方で、仮に売れなくても意味のある本を出すことこそ、出版社の使命だったのです。

ですが残念ながら既述のとおり、現状の出版業界にはもう余裕がありません。意味ある出版というよりも、自分たちが食べていくために売れる本だけを出す。それが現在の商業出版社のホンネです。だからこそ、自費出版社の存在が必要なのです。商業出版社に長らく勤め、自費出版社の知人からも多くを学んできたわたしならではの、これは衷心からの感慨です。

そのころの償いのような想いもあって、今回このような本を著そうと思い立った次第です。捨てがたい見事な文章、妙味あるテーマ、独自性のある内容。きわめて資料的価値の高いコンテンツ。その点では既存の書き手に劣らない。それどころか学問的にも学者や大学教授に劣らないものさえある。そうしたものは、できれば本になるべきものと、いまあらためて思っています。

自費出版から全国区の書き手へ

布施克彦氏という、いまや全国区で本を出版している書き手がいます。じつはこの人は、今のようにプロの書き手となる前に、自費出版本を出していました。大手総合商社に勤務しながら、四十代の頃に、いつかモノ書きとして独立したいという願望を持ち続けて仕事の傍ら通信教育で文章作法の勉強をしました。また、文章サークルにも所属し、そこでも文章作品を賞に応募して受賞するなどの実績を積みました。

しかしその後は「何かが起きる」ことはなかったと言います。その後、中堅出版社の新書編集部に所属していたわたしと出会いました。それがきっかけで、わたしの会社から新刊を出す機会につながりました。出会いのきっかけはじつに小さなことでした。当時、犬を飼っていたのですが、散歩に行くと公園などで同じく犬を散歩させている布施さんと会うことがありました。そうこうしているうちに、職業は何か、趣味は何かといった話をするようになり、やがて近所の他の何人かとともに地元の居酒屋で飲むようにもなりました。

そのとき、モノ書きを目指しているというお話を聴き、では別途ふたりきりで一度ゆっくり話しましょう、ということになりました。何度か打ち合わせをし、これならより多くの読者のところへ届く切り口になるかもしれないというテーマ取りが決まり、それを一気に書き下ろしてもらいました。じつは社内で企画を通す時、営業部の課長から「とてもよくできた自分史を読まされているように思った」という鋭い意見が出され、あやうく企画をつぶされそうになったのですが、なんとか押し切り、無事に刊行へと漕ぎつけました。

幸いにして、この本は三刷まで重版し、累計部数も一万数千部となり、成功を収めることができました。その後、その勢いで、わたしのところから合計三冊の新書を出し、その後は他の出版社からの引きもあって、全国区の書き手へと巣立っていかれました。その間、他社への持ち込みの方法などもこっそり伝授させていただいたりもしました。今では二〇一七年にベストセラーになった『定年後』（楠木新著、中公新書）にも、布施氏のこのあたりのエピソードが紹介されるほどの安定した書き手になられています。

売れることと心を打つこと

商業出版というのは当然ですが、売れなければ話になりません。赤字を出してまで本を作るということは、よほどのことがない限りやりません。結果として赤字になる本もありますが、商業出版社の編集者は、基本的には右の布施氏の例にありますように、その著者が持っている素材から売れる要素をいかに引き出すかという点に腐心します。もしくは編集者が売れると思う素材や切り口を、どの著者に書いてもらうことが最適かということに心を砕きます。

その結果、著者が本当に書きたいことはなかなか書かせてもらえないという話をよく耳にします。よく聞くというよりも、わたしも商業出版社に長年勤めてきたので、それを実感しています。

その点、いわゆる「自費出版」は、売れることを絶対条件としていないので、書き手が本当に書きたいことが書けるのです。そしてその結果、だからこそ読者の数は少ないかもしれないけれど、読んだ人の心を強く打つことがある、と言います。人の胸に伝わるということは、どうやら反転してしまうところがあるようですね。

わたしがいた会社に、よく「売れない本を作りましょう」と書き手に持ちかける編集者がいました。商業出版社の編集者でありながら、このように言うのは一見、会社への背反行為に思えますが、なぜこのようなことを言うのでしょう。

かれらのこうした言動の真意は、商業出版が見失っている「本当に届き伝わる真意」を著者から消し去ってしまわないようにするためです。書き手を委縮させないで、なおかつ結果的に「売れる」方向へもっていけること。たとえば、章立てや書名などは、内容が同じであっても、より間口を広くとるように変えることができるものです。そのあたりを、いかに上手に手綱を引いて著者を誘導できるかが、編集者の力量が問われるところです。そしてそれは、自費出版の場合でも、同じように言えるのだとわたしは思っています。

逆に、商業出版社に原稿を送る場合には、そうした技量のある編集者がいる出版社を選ぶことが大切です。その見極めは、書店店頭で多くの本を手に取ることでわかるようになります。類書がたくさんあるなかで、独自性の強い、中身のしっかりとした本が目に止まったなら、その本のあとがきの最後のほうを見てください。ほぼ必ず、著者から編集者への謝辞が書かれています。そういう本が複数あるなら、その出版社のその編集者に送ることです。それが「自己出版」の一歩ともなるのです。

自費出版社に相談をするならば、やはり長年の実績のある出版社を選ぶべきだと思います。手がけてきた本を見て、文章や印刷のあり様や造本がしっかりしている出版社なら、修正や調整をきちんとしたうえで出版してくれることと思います。

Ⅱ　書き方と内容

第4章　文章作法・書くということ

何をおいてもまずは書く

前の章までは、出版を取り巻く現在状況について見てきました。出版業界はいま、大きな変革期を迎えていることを知っていただけたと思います。雑誌は一部電子化で生き延びつつあるけれどネットの世界に多くを持っていかれていること、コミックはもう紙から電子への移行をほぼ果たして、今後はもっとスマホやタブレットで読まれることになるであろうことを、みなさんとともに見てきました。

そんななか、書籍はまだまだ（十年から二十年は）紙が主流のまま生き延びていくであろうことも予測しました。文庫・新書といったわが国特有のペーパーバックがある限り、少しずつ減少はするけれど、今後も今の形のまま読まれ続けていくだろうと思われます。ただ、紙と電子は敵対しあうものではなく相互補填する関係になっている。したがって、これからは紙と電子のハイブリッドという形が本流になるのではないかと予想します。

また、書き手の立場もかつてのように、ほんの一部の大御所とそれ以外という構図から、境界線が曖昧になってきていることを述べました。したがってだれもが何かのきっかけで、書き手として世に出る機会と可能性があるようになったと考えます。

こうした状況下で「書いて出版する」ことは、自分の可能性を広げることにもつながるわけです。名刺代わりということもありますし、ビジネス上の信頼を高めることにもなります。またなによりも、自分自身の来歴を一度整理して次につなげるきっかけになります。

前の章で、「本当に届き伝わる真意」ということを述べました。商業出版社の編集者でさえも、本を売るだけのために書き手の個性を殺してしまうことを制御します。自己出版の場合においてはなおさら、文章のうまいへたは大きな問題ではありません。書いて世に発表すること、後世に残すことに最も大きな目的があるはずです。したがって、何をおいてもまずは書いてみてください、ということに終始します。

自分の中に強いモチーフがあり、今それを文字にして、あるいは言葉にして記しておきたいと思うのであれば、ためらうことなく、まずは書いてしまうことです。殴り書きでも走り書きでも構いません。たとえば自費出版の場合、意味のわかりづらいところや「て・に・を・は」などの細かい文字使いは、出版社のほうで読みやすい形に修正を施してくれます。そうした修正や調整は、あとでなんとでもなると考えることができます。だから、居ても立っても居られないのなら、まずは書いてください。

そのうえで、一歩先を見据えて、文章作法の基本を押さえておくことも、後々のために必要と考えます。以下では、その「強いモチベーション」の後に必要となるであろう文章作法について、現在までで考えられる最も良質な批評家たちの著書を開きながら解説してみます。

書く前に読むということ

でも、そうなると今度は多くの人が同じように考え行動します。実際、小説新人賞の応募数は、年々増えています。そのことからも、書き手を目指す人がいかに多いかがわかります。それでは、たくさんの書き手志望者から、一歩抜け出すためには、何が必要か。それはやはり、書く前に読むことだと思います。簡単なことのように思えるかもしれませんが、これが案外そうでもありません。「書くこと」をする人は増えましたが、前の章までで見てきたように、「読むこと」をする人は減っているのです。

もちろん、読者人口自体が減りつつあることや、ネット上など紙の本以外に「読む」場が増えたことも理由の一つかもしれません。いずれにしても出版物の売上が逓減し続けて二十年以上になるという事実に変わりはありません。

そんななか、書き手として立ち、そして書き続けるためには、その礎となる「読むこと」が最も重要な基礎固めになる。本を読むことで、語彙を知り、書き方を身に付け、印刷活字（フォント）に慣れ、本の造りを知ることができます。？や！の後は一文字分空けるとか、出版社によって文頭の「（カギカッコ）」の位置取りが微妙に異なるといったこともわかるようになる（やや高度ですが）。なによりも、いつも本に触れていることで、からだ向き、こころ向きがいつも本に対して親和的になります。

よく、「書くことで忙しくて、読んでいる暇はない」などという新人賞応募者がいますが、それはデビューしてのち大御所になってから言うセリフとして取っておくべきでしょう。でも本当の大御所ほど、読むことを大事にしている人はいません。

書く前に読む。地味で地道で泥臭い作業ですが、書くための最良の仕込みであると、わたしは思います。

頭だけでなく手で書く

さて、それでは書くために読む最初の一冊をご紹介します。加藤典洋『言語表現法講義』です。

大学生に向けて、しかも使う教材は『高校生のための文章読本』『高校生のための批評入門』（梅田卓夫・清水良典ほか著、筑摩書房）という「高校生向け」の副読本、その授業を九回にわたっておこなった記録が本書です。加藤氏はこの授業の第一回目のタイトルを「頭と手」として、これからおこなう講義について解説をします。そこでは、こう述べられています。

僕の考えるのに、言語表現法というのは、頭と手、それがフィフティ・フィフティの領域です。文章を書く、そのことを手がかりに考える。また、考える、そのことを手がかりに文章を書く。いずれにしても、言葉を書くということを、頭の領域で考える学、論の授業ではないが、これを純粋に手の領域にもしない。これが、手ですらなくて、小手先になると、ハウ・ツーになりますが、とにかく、ハウ・ツーにもしない、書くということを一つの経験と考えたい。

（加藤典洋『言語表現法講義』岩波書店）

頭で書くのではなく、手が書かせるということがあります。これは画家が夢中になって絵を描いているとき、他のことをほぼすべて忘れて没頭するということ、またマラソンランナーが苦しいとかきついということをすべて忘れてただひたすら走ることに快感のみを得て没頭する、いわゆるランナーズハイの状態になるということがあるのと同じように思います。でも、「手のみで書く」のでもない。「小手先」じゃないんだ、考えるために書くんだ、と言っているのです。村上春樹氏も、自分は書かないと何も考えられないと言っているそうです。

わたしも当時、この言葉に強く感化され、編集者として書き手の方に執筆依頼をするとき、「頭だけで書かずに、からだ全体を入れて書いてほしい」とお願いしました。そうして出来上がってきた原稿の中には、当初頭の中で想定していたことを逸脱して、むしろその逸脱のおかげでよりよい達成を獲得できたというケースが複数ありました。

「想定内」というのは、災害や経営においてはよいことと思いますが、いざ「書く」という行為においては、アスリートが自己ベストを出すのと同じくらい、意味のあることのように思います。

「頭が半分手が半分」で書くのが理想としても、では書き出しはどう始めるのかというのは、だれしも悩むところですね。この本では、たとえば「私について」という題目に対して単なる自己紹介的な書き方をしている例に、「もし、100万円あったらどうする?」と書き出したらどうだろう、としています。このようにエクスキューズを先に立てると、自分自身へのプレッシャーになる、こうした緊張感が書き出しには必要だと述べます。

一方、書き終え方もじつはむずかしいですね。これについても結構厳しいことを言っています。たとえば自分のダメさ加減を書き募って最後まで書いてきて、最後の最後に「私は変わらなければならない。」と結んでいる。これに対して、最後の美辞麗句というのは「文章を台無しに」する「一番効き目のある」方法だときっぱりとダメ出しをします。厳しいですね。「頭だけで書く」とこうした結びになってしまうということです。

同じように、文中においても、社会批評めいた内容の場合によくある大情況的正義感ばかりが先走る文章ではダメなんだ、どこかに「個人の呟き」が入っていることが文章全体を新鮮で的確なものにするのだといいます。あらかじめ「正しさ」を設定してからそれに沿って書くのでは、なんら魅力的な文章にならない。それはイデオロギーの宣伝文にしかならない。かつてのマルクス主義みたいに。頭だけで書くというのは、こういうことです。

また、「文を書くことのなかにすでに他人がいる」と加藤氏はいいます。それは「気分よく」書くと「元気」が出てくる、そうすると言葉が「ヨソから来る」部分があって、それが文章を想定外に魅力的なものにするというのです。この「ヨソから来る」ものの契機としては、「抵抗」（書けない）、「空室としての自分」（自分をダメもとの状態にする）、「メモ」（テーマのメモを大事にする）、「間違い」（誤植とか書き間違い）の四つがあって、そういうものを経由してのち、いい文章が生まれ出るというのです。これも、頭だけで書こうと意識していたのでは出てこない効果ですね。

一九七〇年代の後半に荒川洋治という詩の書き手が登場しました。この荒川洋治氏が書く詩は、それ以前の現代詩とは一線を画すものでした。どうちがうのか。加藤氏によるとそれは詩の言葉がモノからコトへ戻ったといいます。わかりやすくいうと、「どうだ、まいったかあ」というマッチョ（ますらを）な言葉からフェミニン（たおやめ）な言葉へ変わったということです。

八〇年代に吉本ばなながが登場したときにも似たような物議を醸しました。つまり、言葉と自分との関係が、一対一対応から一対〇・五＋〇・五対応のように崩れてきたというのです。

また推敲の段階で「削除」するということは、逆に何かを付け加えることで、その何かとは「スキマ」だとか、メモをとって列挙したモノが横一列から何か一つが飛び出て主になり他のものが従となったというようであってほしい、準備は必要だが実際書いてみると妨害者が出てきて準備した通りにいかないというほうがいいんだといいます。つまり、加藤氏は繰り返し、「頭だけで書かないで、手でも書こうよ」と伝えようとしているのです。

この授業は手と頭という話からはじまりました。手でやることは頭でやることより時間がかかります。手はいつものろまなのです。この本には、その手を通過した考えを記したつもりです。この落差に、感謝しましょう。（同書）

最後の一文がこれでした。美辞麗句で終わっていない。感謝して突き放して結びにしています。文章のプロが書く、こうした優れた一冊を、みなさんもぜひ見つけて、自分の座右に置いて役立ててください。

思考を整理する

文章を書くにあたって、その前の段階で、いったいどんなことが必要なのか。モノを書き始めたとき、だれもがそんなことを考えなおすのではないでしょうか。そんなとき、多くの人が参考にしてきた本が、外山滋比古氏の『思考の整理学』です。この本には、読む・書く・考えるといった知的創造のためのヒントが満載です。

まず、学校や人から教わるエンジン付きの飛行機では世の中は渡っていけない、だから、自分で思考をすることで飛び立つグライダーのようになろうと呼びかけます。その際に必要なことは、「寝かせること」「忘れること」だといいます。作家にとって幼年・少年時代の経験がいい素材になるという話をよく聞きますが、それはその素材が充分に寝かされて結晶になっているからだと。別の言葉でいえば、「熟成」された材料は使える、ということになります。

「忘れる」ことを恐れずに「寝かせる」ことの重要性を、繰り返し説きます。『平家物語』というのも、この「熟成」がなされた結果、「頭がいい」ものになっていると考えられます。琵琶法師の無数の声で伝承に次ぐ伝承を経て純度の高い結晶に達したのであろうと外山氏はいいます。これは先の加藤典洋氏の「手」が書かせるのと同じように、からだの一部である喉と耳という身体性を経由することの重要性を指しているように受け取れます。

また、論文を書こうとする学生には、テーマを一つにしないように指導するのだそうです。一つでは「多すぎる」ので、少なくとも二つ、できれば三つ持つようにと。よく「見つめるナベは煮えない」といわれますが、一つきりでは妙に力んで頭がのびのび働かないし、代わりがあると思えば気が楽になるからだというのです。

テーマを二つ三つ決めた後、論文がなかなか書き出せないと相談に来る学生が多かったそうで、そんなときは「とにかく書いてごらんなさい」と助言します。

まだまだ書けないと思っているときでも、もう書けると、自分に言いきかす。とにかく書き出すと、書くことはあるものだ。おもしろいのは、書いているうちに、頭の中に筋道が立ってくる。頭の中は立体的な世界になっているらしい。あちらにもこちらにもたくさんのことが同時に自己主張している。収集すべからざる状態という感じは、そこから生じるのであろう。

（外山滋比古『思考の整理学』ちくま文庫）

そして、書き進めれば進むほどもっと頭が冴えてきて、考えてもいなかったことが書いているうちに頭に浮かんでくるといいます。これも加藤氏の「考えるために書く」とか「ヨソから来る」の感覚と同じでしょう。だから、書き出したら、あまり立ち止まらないでどんどん先を急いだほうがいい、細かいことはあとで直せばいいと。

そして、良い考えが浮かぶのは机に向かっている時とは限らない、だからメモ用紙とペンをいつも置いておくように助言します。中国の欧陽修という人が「三上」＝考えが浮かぶ三つの場所として、馬上、枕上《ちんじょう》、厠上《しじょう》を挙げている。今でいえば、通勤途上、一晩寝た後の朝の枕元、トイレ、の三つです。こうした場所と時間にいいアイデアが浮かびやすいから、書きとめる用意をしておきましょうと。

同じように、「三多」を、看多（多くの本を読むこと）、做多《さた》（多くの文を作ること）、商量多（多く工夫し、推敲すること）と挙げ文章上達の三カ条としています。さらには、「三中」。無我夢中、散歩中、入浴中は、やはりいい考えが浮かぶいい状態であるということで、これは外山氏のオリジナルのようです。

また、思い浮かんだアイデアをうまく寝かせるために、メモの取り方からノートへ、ノートからメタ・ノートへといった移行の方法も丁寧に書かれていて、実際、外山氏自身もノートとメタ・ノートを五十三冊持っている。それらを眺めながら文章を書く手がかりを見つける作業をしているようです。

本書はこのほかにも、関連文献の有効な読み方とか、他人と話をするなら褒めてくれる人と会うようにするのがいいなどといった、知的生活に必要な多くの知恵が詰まっています。たった五二〇円の文庫本にこれだけの「熟成」された知識と知恵が盛り込まれている、じつにお買い得な一冊です。初版が一九八三年ですから、かれこれ三十数年もの長きにわたってロングセラーになっている理由もよくわかるというものです。

意味の伝達と論理性

さて次に、大御所の書いた「文章読本」を読んでみましょう。三島、谷崎などの大文豪から時を少し経たところで書かれた丸谷才一の『文章読本』を紐解いてみます。第一章の冒頭に、こうあります。

昭和九年、谷崎潤一郎が『文章読本』をあらはしてのち、同じ題、あるいはよく似た題の本を三人の小説家が書いた。昭和二十五年の川端康成、昭和三十四年の三島由紀夫、昭和五十年の中村真一郎である。そして今またわたしが『文章読本』なるものに取りかからうとする。

（丸谷才一『文章読本』中公文庫）

このように、昭和のある時期にあまり時をおかずに、文豪といわれた人たちが競うように「文章読本」を書く時期がありました。これら大柄な書き手のトリを取るように、丸谷才一が一九七七（昭和五十二）年に出したのが、いまも名著の誉れ高い『文章読本』です。ちなみに丸谷は亡くなるまで自分の文章を、旧仮名遣いで通しました。

この本では、小説家の日本語の使い方がどうなっているとか、名文とはどういうものか、目と耳に訴えるとか、単に文学的な文章を書くためだけではなく、さまざまな局面の文章執筆に役立つ内容が基礎から高度なことまで、豊富な実例を挙げて書かれています。なかでも、繰り返し強調していることは、「意味の伝達と論理性」ということです。言葉の綾とか言葉のゆかりとか、文体やレトリックなどは、すべて「意味の伝達と論理性」があってのちの話だといいます。

たとえば、文体といった場合、みなさんは何を意味しているか答えられますか？　わたしは、文章の体質、つまり一文が長いのか短いのかとか、「である・だ調」なのか「です・ます調」なのかとか、そういった文章の型のことを言っているのだろうと想像していました。

ところがこの本では、文体といったときの中心にあるものは「文章を書くに当たつての気取り方である」としています。ちょっと気取って書く、あるいは気取らないふりをして気取るものこそが文体というものの核心だというのです。もう少し言うと、装うという心意気と装う力をもって文章を書くことだといいます。

こうした「気取り」「装い」の視点からみたとき、かつてよく教わった、緒論・本論・結論の三文法は害が大きいのではないかといいます。文章をまるで一本の線や紐になぞらえて、時間的経過で捉えるものと勝手に勘違いしてしまう。そのため、くだくだと意味のない緒論を書いてしまうというのです。

丸谷はずばり指摘します。「緒論なんてものは要らない。単刀直入に本論からはじめよう」と。その点、起承転結という分け方のほうがいいのではないかとも。漢詩の絶句とか律詩といわれるものも、基本的にはこの起承転結の四分割になっています。いい伝統を見直そうよ、と言っているようにも聞こえます。

また、文章の「構成」について述べるところでも、「構成といふのは究極のところ論理がしつかりしてゐるといふことなので、話の辻褄が合はず、話が前へ前へと進まなければ、緒論・本論・結論も、起承転結も、単なる形式、無意味な飾り、詰らぬ自己満足になつてしまふ」といって注意を促します。大事なのは、伝わることと論理性なのだと繰り返します。

文章にはまた、「脈絡」という「流れ」や「勢い」のようなものが伴います。その脈絡においても、こんなアドバイスをしてくれます。「文章も碁将棋と同じで、序盤のところで時間をかけるほうがしつかりした構成になりやすいし、前半がうまくゆけば、後半はもうおのづから勢ひがついて、乱れることがすくないのである」。それなりに長い文章を書いたことがある人には、この感覚がわかるのではないでしょうか。

このほか本書では、「趣味と感受性を洗練すること」とか「多読といふことが大事」とか、「である」(繋辞《コプラ》というのだそうです)などの「文末の処理にはほとほと難渋する」など、文章作法の基礎について、丹念に解説を加えてくれます。

文末の処理と引用

なかで、じつは二つほど、わたしもドキッとさせられる指摘がありました。一つは「引用」

についてです。丸谷は「引用とは本来、他者の言葉を別の時間、別の文脈のなかで引受ける、再現と代理の行為なのである」とし、水増しとか人のフンドシでとる相撲などと揶揄されたりするが、決してそういうものではない、と。

いささか長い引用になるが、とか、またしても引用で恐縮だが、などと言ひわけするのは愚の骨頂だらう。必要欠くべからざる引用ならどんなに長くてもかまはない。何度してもいい。肝心なのはさういふ弁解が要らないくらゐ必然的な引用をすること、引用文に負けないだけの質の高い文章を自分も書くこと、それによつて引用文の筆者を立てることなのである。（同書）

わたしのこの本も、引用をするところがいくつもありますが、胸に手を当てて、刻んでおきたいと思います。

また、もう一つは、中里恒子と宇野千代の往復書簡の文面に触れながら、文章にはいかにイメージというものが大事かということを述べるところで、こうありました。

一体、庭のくちなしであれ、ストーヴで煮る煮豆であれ、具体的なものを差出されると、抽象語や観念語よりも、あるいはまたたとへば、「元気で暮してをります」なんて概括的

な言ひ方よりもずつと頭にはいりやすい。（同）

この文章を読む数日前に、わたしは年末の喪中はがきの文章を考えておりまして、ここでいうところの「元気で暮らしています」という一文をまさに使ったところでした。大いに恥じ入り、すかさず、ほかの表現に変えたのでした。

このように、大御所が書き残した「文章読本」には、やはりそれなりの骨太い信頼があると、わたしは思います。古いとか敷居が高いなどと自分で障壁を作る前に、どれでもよいので一冊、読んでみることをおすすめします。

それらがもし、やっぱり少しきついという場合は、その後に出た井上ひさしの『自家製文章読本』（新潮文庫）か、橋本治の『よくない文章ドク本』（徳間文庫）あたりを手に取ってみてはいかがでしょうか。

「名文」とはどういうものか

中村明氏が書いた『名文』という本があります。「文体」というものを徹底的にそして熱心に研究した渾身の一冊です。一九七九年の刊行です。この本では、「名文」とはなにかを知りたければ、まずその反対の「悪文」とは何かを知る必要があるということから始めます。

著名人にとった「私にとっての悪文」というアンケートの回答を見ると、共通して見られたのは「わかりにくい」という点だったそうです。「わざともってまわった言い方をしたり、やたらに外国語をまぜる」文章は、「文脈を追うのがむずかしい」というわけです。でも、ここでいうわかりにくい文章とは、「悪文」ではなく「わるい文章」で、「悪文」というのはまたちがった味わいや個性のある文章だとして、別扱いされます。実際、中村氏はその後、『悪文』という著書も書いています。

さてそれでは反対に「わかりやすい」文章とはどういうものか。この本では「明断」という言葉を使って解説します。「明断でわかりやすい文章にするには、まず文を短くすることが効果的である」、「一つのセンテンスには一つの情報だけを盛れ」ということです。たとえば養老孟司氏の文章は、短文を次々と繰り出すような文体です。それがわかりやすさとなり、多くの読者を獲得するに至った所以かもしれません。

では「名文」とは、単に明断でわかりやすいものだけを指すのか。次にはそんな疑念が湧いてきます。そうした自問に応えるがごとく、本書がいうところの名文とは、どうやら次のような文章のようです。

すなわち名文にとっては、少少の瑕瑾など問題ではない。〝すべてよし〟なのである。つまり、真正な意味での〝雰囲気〟こそ、名文が大事にするただひとつのものなのだ。悪文をおそれるな。まちがいのない文章より、人をひきつける文章を書こう。気ばらずに、のびのびと書こう。私にいえるのはそこまでだ。

（中村明『名文』筑摩書房）

なるほど、名文とは〝雰囲気〟をもっているものという結論が出されました。そしてやはりここでも先の加藤氏と同じように、名文というのは書こうと思って書けるものではないといいます。「これまでに名文を書いた人なんてひとりもいない。文章を書いたらそれは名文になっていた、という人がいるだけである」と、「自分の自由にならないもの」であると断ったうえで、「技法を学ぶ」ことと は「けっして矛盾」しないとしています。

そして、第二部では五十人の作家の作品を取り上げて、名文を名文たらしめる構造を存分に分析します。地味ですがじつに根気のいる精緻な仕事です。なにゆえここまで労を惜しまないのか。プロフィールを見て理解できました。「波多野完治に師事して文章心理学を修める一方、時枝誠記に国語美学、小林英夫に言語美学を学び、文体論を専攻」とあります。それぞれ当時の最高峰の学者三人から薫陶を受けた人なのです。気張るわけですね。

なお、この本で取り上げられた近現代文学の作家もみな最初は無名でした。だれだって無名から始めるわけで、最初から文体が確立している人などいません。「この人の文章が好き」という著名な書き手の「文体」を真似るところからスタートするのが基本です。

自分の文章を書く際に、モデルにした人の文体を、一度まったくそのまま真似して書いてみるということをおすすめします。かつて、小説家を目指す若い書生は、志賀直哉の小説を一字一句原稿用紙に模写したと聞いたことがあります。それを何度も繰り返すことで、その文体を体に覚え込ませるというのです。そこまでせずとも、ある程度そのことを意識して見習うことも必要と思います。

ちなみに、わたしが考える「名文」とは〝情理を兼ね備えた文章〟です。中村氏のいう〝雰囲気〟＝情に、明瞭さ＝理が備わっている文章、これが理想とするところです。

さて、移りゆく時代の流れとともに名文像も変わると中村氏は捉えています。「伝達を主眼とする新聞の文章にもやはり時代の書き方というものがあるのだろう。もっと個性が問題になる文学のほうでもといったらいいのか、文学ではましてといったらいいのか、ともかく小説の文章にもそのような流れていく要素のあることはたしかである」としています。

それでは移りゆく時代の先端で書かれた「文章作法本」にも、そうした移ろいが見られるのかどうか。つい最近出版された人の文章作法本を、次に読んでみましょう。

最近出版された文章作法

オーソドックスな文章読本の古典的名著を二冊、読んできました。今度は、つい最近出版された文章作法を覗いてみましょう。といってもこの分野の新刊は毎月一冊のペースで出ています。ここでは、書き手として多くの本を出版してきたベテランで、しかも人目を引く派手な書名で、なおかつそれなりにオーソドックスさを兼ね備えている一冊を選びました。晴山陽一氏の『ベストセラーを書く技術』（自由国民社）です。

著者の晴山氏は、記念すべき第一冊目を一九九八年に刊行しました。『英単語速習術』がそれです。この本は十三万部ほど売れるベストセラーになりました。幸先のよいスタートを切ってから二十年間で二〇〇冊の本を出し、累計部数でも一〇〇万部を超える実績を上げてきた書き手です。これまでの執筆経験からしぼり出した秘匿のノウハウを、この本の中で惜しみなく披瀝しています。

『文章読本』や『名文』などの古典的名著に対して、本書はどこまでも技術・実用に徹しています。まず全体構成が、企画以前、企画、執筆以前、執筆、執筆以後の五章立てになっています。各章は三、四の節に分かれていて、第1章では自分名句集をノートで作り、次にぶっちゃけカードを作る。第2章では、一年後を見据えてアイデアを練る、本は構造で書くようにすすめ、自分の本の構造を解説するなど順を追って論理的に進行します。

第3章の「9つのダイヤル」というのがこの本のキモで、「視覚優位」「聴覚優位」「体感覚優位」と三つに分けたうえで、それぞれにデータ、ロジック、ストーリーを対応させる。さらにはＷｈａｔ、Ｗｈｙ、Ｈｏｗを合わせた九項目のダイヤルを把握して読者の心を掴め、と述べます。これらがさらに後の章ではそれぞれ、状況、大義、物語になるというように何度も繰り出されます。わたしの解釈では、これらは読者の右脳、左脳、身体に響くものとして整理されます。三つのタイプの読者全部に向けて書き方を練ることに使えるダイヤルというわけなのです。

また、先の加藤氏は「考えるために書くのだ」といいましたが、晴山氏はまったく反対に、「考える」のと「書く」のは別の作業だといいます。「20日考えて10日で書く」と豪語するように、準備万端整えた後に執筆をするべきだと。自分のような筆一本で食べている者は、ムダな時間をそぎ落とさないと生活が立ちゆかなくなるからだというのです。

さらに、本はお客さんに買ってもらわないと読まれないので、そのためには、「タイトル、サブタイトル、表紙デザイン、前書き」の「4点セット」（本文以外！）の要素が重要だとし、中でも前書きには全労力の半分を費やしても惜しくないとまで主張します。プロの切迫したリアリティが伝わるところです。

そのほかにも、執筆要素を洗い出すために「カテゴリーカード」を二十枚作り、自分の思考を整理する。それを「手広くコレクトし、コンパクトにセレクトし、賢く配列（インテレクト）する」とか、「ひはへほふ」の山形の起伏を念頭に置いて章立てを作るとか（詳しくは本を読んでください）、「執筆べからず3か条」として、長たらしい文章を書かない・感情語を使わない・あいまいな言葉を使わないといった具体的な方法を事細かく示してくれます。

最後には付録で「紙の書籍と電子書籍の違い」を四ページで簡潔にまとめ、少ない原稿分量で出せる電子書籍（キンドル）を推奨しています。

古典的文章読本や現在のアカデミックな場で教えられる文章表現法とは位相が異なる実践ひとすじの本ですが、電子書籍時代には説得力のある一冊です。

それでも最後に、「何かに突き動かされ、やむにやまれず発信するという姿こそ、本当のクリエイターのあり方なのだと思います」というところは、時代を超えた共通点です。

小説新人賞の世界の裏側

さてそれでは、実作というところにいよいよ移ってみたいと思います。

小説を書いて出版に漕ぎつけたいと考える人はかなり多いと思います。昔からそうですが、大手出版社（今ではさほど大手でなくとも）が発行する文芸雑誌が主催する新人賞に応募する人の数を見ればよくわかります。たとえば筑摩書房と三鷹市が共同主催する太宰治賞を見てみると、創設時の一九六五年に六三八編だった応募総数が直近の二〇一九年には一二〇〇編という具合に二倍に増えています。

一つは、定年退職した団塊の世代が一斉に引退し、時間ができたところでサラリーマン時代からやろうと思っていた小説を書くことに挑戦する人が応募してきて一気に数が増えたのが理由だと思います。年代層の内訳も、河出書房新社が主催する「文藝」の新人賞では、贈呈式の冒頭に司会者がその数字を披露する場面があり、それを聴いていると、一番多いのが六十代、次が七十代と五十代ということです。

またもう一つは、これも九十年代からでしょうか、「読む人」よりも「書く人」になりたい、という人たちが増えたことです。「読まないけど書く」人がぐんと増えた。出版社に三十年以上もいるとよくわかるのですが、かつての文学賞応募者は、基本的にまず「読む」ことをきちんとしたうえで、自分も「書く」ことをしていたように思います。

それは、たとえば芥川賞の受賞者などを見ていると、十八、九歳くらいの若手が受賞するようになった。いかにもまともに文学作品などきちんと読んでこなかったような人たちが平気で賞を取るようになった（ように見える！）。それを見て、あの程度なら自分だって、と思う人たちが増えた。本当の文学とはこういうものだと知らしめてやろうというかつての文学青年たちが今新たにたくさん出てきたのだろうと解釈しています。

それは歌手や芸人の世界にも言えることかもしれません。後の章で取り上げる村上光太郎氏の言葉をもじってわたしの言葉でいうと「一億総有名人になりたい時代」になったということだと思います。

文学を志して作家を目指すことは以前からありましたが、この世界はサラリーマンの安定した生活とはかなり異なる世界です。成功したわずかな数の作家を新聞やテレビで見ると、なにか大きな憧れを抱いたりするのでしょう。けれども実際には、そのきらびやかさの裏側に無名のまま生涯を棒に振った無数の「作家以前」の人びとがいるのです。メディアに映るのは、ほんの一部の上澄みのきれいに見えるところだけです。

その上層部分の人たちだって、単純に楽な生活をしてきたわけでは決してありません。他人には見えない努力と苦労を下積み時代に重ねてきたうえに、現在の成功が乗っているのです。しかもその努力は、たまたま報われただけかもしれません。宝くじに当たったようなものと言えるかもしれません。

そうしたことを前提に、よほどの覚悟を持って臨まなければ「小説家」など目指すべきではないとわたしは思います。といって、だからやめておけ、というつもりもありません。いまやせっかくたくさんの新人賞があるのですから、応募するに越したことはありません。ただし、そう簡単な世界ではないということはわかっておいていただきたいと思います。

丸山健二『まだ見ぬ書き手へ』をぜひ読んでほしい

さまざまな「文章教室」の類があります。カルチャーセンターに通ってみるとか、通信講座もあるでしょう。また、文章作法、小説入門などの書籍は山ほどあります。しかも数十年も前の大家が書いた「文章読本」から、最近の書き手が書いた入門書まで、「書き方本」はそれこそ星の数ほど世に出ています。

わたしがそれらのなかから一冊だけ、文学、小説家をめざすことにおいて、唯一読んでおくべきだと考えるのが、丸山健二氏の『まだ見ぬ書き手へ』です。

この本は、作家の丸山健二氏が自分の作家生活をふり返り、自分の失敗や文壇を見てきて幻滅した現実に対するアンチテーゼとして書いた本でもあるようです。そして、日本の現在の文学は質が低いと嘆きます。だからこそ、「まだ見ぬ」優れた書き手にぜひ現れてほしいと、切に願って書かれた渾身の一冊だからです。

率直に忌憚なく、ときに厳しく（なにせ、三島も太宰も川端さえも心底からは評価していない！）、小説家たるものこうあるべきということを、これでもかと言わんばかりに展開しています。この本の初版は一九九四年七月だったので、もう二十五年もの年月が経っていますが、ここに書かれている内容は四半世紀過ぎた今でも本質的には何も変わらない真実です。

「まだ見ぬ書き手」は案外小説を志す人たちのなかにはおらず、文学なんぞ青くさくて話にもならないと思い、他の世界できちんと現実に立ち向かいながら、着実な仕事振りをしている人々のなかに埋もれているような気がしてならないのです。もしたったひとりでもそうした潜在的な書き手がいるとすれば、死んだも同然の文学界にとって彼は救いの神になる可能性を秘めているということです。

（丸山健二『まだ見ぬ書き手へ』朝日文芸文庫）

わたしも丸山氏とじつは同じように思っています。現役時代、新人賞に応募してくる作品を読む経験をふり返ったとき、なまじ文芸とか小説にかぶれた人や、どこか勘違いしている人たちよりも、丸の内あたりでふつうにサラリーマンをやっている人の中に、あるいは地方の流通倉庫の中で毎日淡々と同じ仕事を繰り返している人の中に、本当は大柄な才能が眠っているのではないだろうかなどと想像を働かせていました。

この本の中で丸山氏は、小説家になるまでの間の職業は、せいぜいアルバイトに留めろといいます。それもなるべく時間が短くて単純で疲れない、執筆に支障の出ない仕事を探すようにと忠告します。勤め人のように完全に雇用された形で小説を書く人も世の中にはいます。けれどもそれを丸山氏は否定します。そういう人が書く作品は「凄みに欠ける」からです。「安定した収入と、先が読める人生が、その書き手の作品をどことなく甘ったるい、おめでたいものにしてしまっている」のだといいます。

さらに、もし奥さんがいるのなら奥さんを働きに出してはいけない、奥さんのほうから「あなたの力になりたいから」といわれても断れといいます。長続きしないからです。それで、奥さんがその生き方についていけないと言って出ていくことになるのなら、それは奥さんの言い分がもっともなので、離婚しなさいとまでいうのです。

このほかにも「無頼の真の意味は、「自ら進んで頼るものを無くす」ということ」、生活に困っても出版社に前借りをするな、《個》に徹しろ、食事にはカロリーが高くて消化のいいもの（蜂蜜、極上のバター、野菜ジュース、半熟卵など）を少量摂るように、食事は一日に二回がいい、脳は飢えているときに一番働くなど、とにかく小説を書くために徹底的に自分を律するように忠告するのです。

既存の出版界を当てにし過ぎない

ですが、小説家になるために、また小説家を続けるために、ここまで自分を追い込む生活を、しかも金銭的な補償が何もないところで続けられる人などいないと思います。仮にいたとしても、どこかで精神的に破綻してしまうのではないか、あるいは堕落してしまうのではないかと思わなくもありません。というか、ほとんどの人は、こうした「覚悟」をもって文学に向き合うことは、二十一世紀も二十年経った現在においては、ほとんどいないでしょう。

それでも、新人賞に応募し、一時的な評価を得ることはできます。また、しばらくはそれで、自分は小説家になったという喜びを甘受することはできるでしょうから、悪いこととは思いません。ただ、丸山氏がいうところのホンモノの作家を続けることはもっと難しいと思います。逆に出版社のほうも、それだけ「文学」に情熱を注ぐような時代ではなくなっているのではないかというのが率直な感想です。

安易なことを言うつもりはありませんが、小説家を目指すなら、今の文壇と出版界を信じ過ぎたり当てにし過ぎないほうがいい、というのがわたしのとりあえずの考えです。

丸山氏もいうように「他人の小説をどうこう言っている場合ではない瀬戸際に立たされている」にもかかわらず、新人作家を「こてんぱんにやっつけることでしかベテランの貫録を示せなくなり」、「出世作を水で薄めるような小説しか書け」なくなった先達たちが選考委員に名を連ねているということと、もう一つは、編集者というよりも出版社、出版業界がもはやあまり当てにならないからです。それについてのおおもとの根拠についてはすでに第2章で述べたとおりです。

ですが、この時代、今でも唯一当てになる者がいるとすれば、それは「自分」です。この「自分」を信じて、自分で自分の作品を出版してしまう、そしてSNSなどを使ってそれを広げるということは可能になりましたし、その可能性は今後も広がっていくと思います。そうしたときに、現在のアマゾンをはじめとする「自己出版」のためのインフラの整備は、先述の通りまだ大したものではありません。ですが決して否定できないとも思います。

もう少し言えば、現状の文学に対して本当の危機意識が芽生え、新しい書き手が登場してくる機運が出てくる土壌は、SNSを含めて今、耕されつつあるように思います。

人間のみが創り出せるこの芸術が廃れてしまうことはあり得ません。私たち人間が言葉を道具として生きる限り、文学の命は永遠です。初めにも言いましたが、衰退したのは文学

ではなく、文学にかかわる人間のほうなのです。（中略）
これからの文学は、自立した、あるいは自立を目指す書き手にしか支えることはできないでしょう。鍵になるのは、集中力と持続力です。それと「徹底」です、私はあなたの登場をひたすら待ちつづけます。（同書）

小説を書くことをもしあなたが目指すのなら、丸山氏のこの言葉をしかと胸に刻んでから、書き始めることをしてみてはいかがでしょうか。急がば回れ、ということです。

評論家を目指す人へ

小説や学術論文とはちがう、評論というジャンルがあります。小説家になるには出版社や文芸誌が主催する新人賞に応募し、受賞して作家になるという道筋があります。また、学術論文を書くには大学院を出て学者の道を目指し、付いた教授の指導の下に論文を書くというコースがあります。では「評論家」になるにはどうすればよいのでしょう。

ひとつは文芸誌が主催する新人賞の中に「評論部門」というのがあり、それに応募して認められるという道があります。ほかには、あまりありません。道筋があまりないこの分野を目指す人のために書かれたのが、小谷野敦氏の『評論家入門』です。

「評論家」とは古風だが、文藝評論家とかエッセイストとかフリーライターとか、創作ではないものを書く仕事をしたいという若い人が増えているらしい。昔なら「作家」つまり小説家を目指したような人たちが、評論、エッセイ、ルポルタージュ、ノンフィクションのようなものを書きたいというふうになってきているようなのだ。実際、小説というのは売れれば売れるが、仕事として続けるならやはり特殊な才能が必要だ。評論やエッセイなら、そこそこの知性さえあれば書ける、ということなのだろう。

（小谷野敦『評論家入門』平凡社新書）

冒頭でこのように書き、こうした若い人たちへ、物書きになるための心得と、もうかる商売ではないことを繰り返し啓蒙しています。副題に「清貧でもいいから物書きになりたい人に」とあります。言葉通りの内容が書かれています。

評論とは何かというと、学問に依拠した学術論文や研究論文ではないけれど、インターネット上でだらだらと書き続ける日記のようなものでもないといいます。評論においても、根本的には学問を踏まえていること、つまり「学問的に間違いだと分かることは書かない」ということです。それでも、一般向けに書かれるものなので、厳密な学問からは少し（一割程度）はみ出す形のものになる。それが小谷野氏のいう評論のようです。

小谷野氏には『八犬伝綺想』という『南総里見八犬伝』を題材にした論文があるのですが、それを書く際のエピソードが書かれています。主人公の犬塚信乃が旅立つ前の晩に、彼を将来の夫と定めていた恋人の浜路が夜忍んでいくという場面について、「封建時代の女性としては何と大胆な行動だろう」と書いたら、近世文学専門の先生から、「近世文藝では女のほうが積極的だというのが定型です」とたしなめられ、専門家というのはやはりバカにできないものだとつくづく思ったそうです。

また評論文を書くにあたっては、言葉の定義というのも重要で、これをないがしろにしてはいけないといいます。研究ではなく評論なのだからだいたいでいいだろうという通念があるけれど、守るべき線の八割の中にこのことも含めるべきで、その点、酒井順子氏の『負け犬の遠吠え』(講談社)は最初に「負け犬」を定義していて見事であると評価します。

また同じように、テーマや対象物への愛情や正義感がどんなに強く溢れていても、それによって「事実」が間違っていたら、それは単なる「意見」でしかないので、事実をねじ曲げないようにと警告します。さらに、なるべく論理的に書くべきだけれど、評論というと非論理的でいいと思っている人たちがいて、それは長いことこの分野でカリスマだった小林秀雄の影響が大きいといいます。小林秀雄の文章はそれゆえ、大学受験国語の定番として一時代を築き、その分、多くの受験生を泣かせてきた人です。

そのほか、評論家を目指すなら、三度の飯より読書が好きでなければならない、世には多くの「文章読本」の類があるけれど、その手のものを読んで文章がうまくなることはない、うまくなるためにはたくさん書いてたくさん読むことだと強調しています。わたしは、ここには少し異論があります。やはり最初は「文章読本」の一、二冊には目を通してみて、それを自分なりの形に置き換えて、そのうえで書くなり読むなりしていく、ということをしたほうが上達は早いと思います。小谷野氏の「読み」のレベルは尋常ではありません。一般のわたしたちには真似できません。だから、この部分に関してはあえて異論を挟んでおきます。

で、つまり評論家になるためには、どうすればよいのかというと、それは「結局、自分が書いたものを活字にする、一番基本的なやり方は、今でも、投稿や持ち込みなのである」と書いています。立松和平や北方謙三氏、筒井康隆氏や吉村昭といった作家たちが有名になるまで、いかに苦労したかについて次々と紹介しています。宮尾登美子氏などは四十歳代後半になって自費出版した『櫂』という小説作品で太宰治賞を受賞し、ようやく作家への道が開けたそうです。

エッセイストも魅力的

この本の最後には、評論家よりも、エッセイストを目指してはどうかということが本気で述べられていて、あれ？　書名から少しずれるなあ、などと思いつつも、なかなか魅力的な提言であると妙に納得させられました。

エッセイとは要するに随筆のことで、それはさかのぼれば清少納言や吉田兼好の後を継ぐことであること、西洋では哲学者モンテーニュが書いた『エセー』もまさにエッセイだったこと、近代以降も多くの作家が書き継ぎ、それが一九七九年の椎名誠氏の『さらば国分寺書店のオババ』の「スーパーエッセイ」へとつながったこと、そこから林真理子氏や群ようこ氏ら魅力的な女性エッセイストが誕生したこと、さらにはそうしたエッセイストがやがて小説家へと転身していったことなどが時系列に説明されています。

そして、いざエッセイストを目指すと決めたら、もう「なんとなくものを書いていきたいなどとぼんやり考えずに、エッセイストになりたいという確固たる信念を持ち、他人にもそう言うことである」と決意を促します。

さらに、エッセイというものは「たとえば四百字詰め原稿用紙五枚ほどのものを一本書いたからといってそうそう実力が分かるものではない」とし、「まず、一冊本を出すことを目指すべきである。そして本を出したら次の本を出すことを考えることである」と、あきらめず粘り強く書き続けることを推奨します。そして最後に、物書きとしての心得をこのように。

つまり、評論家にせよエッセイストにせよ、「儲かる」ものではないし、そんなに華やかなものではないということだ。だから、組織に属して人と渡り合ったり、上司や顧客に媚びを売ったりするのが嫌だ、清貧でいい、というような人に、覚悟した上で物書きを目指してもらいたいのだ。(中略)注文仕事をつぎつぎ書いているだけ、ということになって、虚しさを覚えることになるかもしれないが、どんな職業だって、涙なくしてできるものなどありはしない。

(同書)

この本が書かれたのは二〇〇四年ですから、かれこれ十数年経ちますが、このあたりの感触は今も変わらないと思います。小説もわるくないと思います。論文を書くのも大事な仕事だと思います。けれども、評論やエッセイという選択も、なかなかいいものだと、その気にさせられる名著です。

この本では、小説にしても評論にしても、エッセイにしても、なにはともあれ書いたものを活字にする、つまり本にすることだと主張しています。形にして残すこと、それが人に伝わること、世の中にも自分にもそれが影響を与えること、そうした意味をよく知っている書き手の「出版のすすめ」でもあると思いながら、紹介いたしました。

第5章　何をどのように書くか

何を書くのか

前章でも述べましたが、書くことが決まっている場合は問題ないと、まずは申し上げておきます。「書きたい」「伝えたい」という気持ちが高ぶっていて、溢れるように言葉が出てくるなら、それをまずはそのまま書くことが何よりです。もちろん、あとでそれが多くの人に受けとめてもらえるものかどうかは別の問題として、まずは書くべきでしょう。

そうではなくて、なにか胸に引っかかるものがあるとか、小さいことで表現しておきたいことがたくさんあって選べないとか、自分の存在意義（レゾン・デートル）をだれかに理解してもらいたい、といった漠然としたものを抱えている人の場合、悩ましいですね。

その場合でも、結局、自分がこれまでやってきたこと、たとえば学生時代に専攻した研究分野でのこと（小さな成果であってもまた後悔や失敗であっても）、会社組織で長年やってきた仕事について心に残っていること、亡くした親族や友人や恩師のことなどさまざまあると思います。それらの中から、このことはこの自分しか感じなかったことじゃないのか、自分にしか湧き起らなかった感情ではないのか、といった独特な（と自分で思うこと）体験や感覚や思考を、まずはメモに書き出してみてください。

どんな人でも、独特な感受性を持っているものとわたしは思います。その人ならではの感じ方、受けとめ方、またその反応としての言動、行動。よく二十歳前後のころに友人から別の友人を紹介された時に、「私、変わってるってよく人に言われるんです」という発言をする人がいました。そのころは、「ああ、この人は人とちがって少し変わったところがあるのだ」と素直に思っていました。

でも、三十歳、四十歳と齢を重ねていくにつれ、会社組織などに長い間浸かっていると、「変わってる人」などそんなにいないことがわかってきます。もちろん、美術や音楽をやっている人で、本当に変わってる人というのはいるのだと思います。けれどもそういうアーティストでさえ、その作品が多くの人に届くには、ある種の共通性や普遍性が必要ですね。

入口は、「独特」で「変わってる」で構いません。でも、その独特の変わってる感じ、つまり「独自性」を、どう切り取ると「普遍性」にまで持っていけるのか。そこがその先のカギとなるのです。「あ、この切り口、何か独特でヘンだけど、わかる！」と、文章のタイトルを見た時、文章を読み始めた時、本を手に取った時に人びとが思ってくれるかどうか。それが重要になってくると思います。

前の章で取り上げた加藤典洋氏の『言語表現法講義』にも出てきますが、書くという行為はそもそも不自然で、書くためというよりもむしろ考えるために書くのだと言っていました。それまで、自分という者がなにかたいしたものだとか、存在としてどっしりとここにあると思っていたはずが、いざ書き始めてみると、自分というのは空っぽだったということに気づかされたりするのです。

自分の「独自性」などは、たいしたものではなかったと気づかされることも、書くことによって得られる小さくない経験なのかもしれません。それでも、そこで書くのをやめてしまえばそれまでのことです。書いていくうちに、平凡だな、とか空っぽだったなオレ、と思ったのであるなら、その平凡さを、あるいはその空っぽさを、もう少し突き詰めて続けて書いてみる。休みながらで構わないと思います。やめないことが大事です。続けているうちに、「ヨソから来る」ものがあったりする。加藤氏がいうところの「ヨソ」とは、だれしもが持っている人づき合いであり、偶然であり、出会いです。

だから、諦めないで、滞りながらも書き続けること。それが一番大事なことのように思います。だれだって、自分がこれまでやってきたことがある。それを淡々とただ書き続ける。そのうちに本当の「独特」が生じてきて、「変わってる」と思われる部分が表出してくる。でもそれは、最初に持っていた「独特」や「変わってる」ではもうない。「平凡」や「空っぽ」を経由した後に表れる「独自性」だから「普遍性」を持っている。そういうものだとわたしは思います。

書くことが初めから決まっている人の場合も、「普遍性」をどうやって持たせることができるかを、書き終えてのち、よくよくふり返ることです。だれかに読んでもらうということは、「独自性」と「普遍性」のキャッチボールの中から現れ出てくるものなのだと思います。

自分が住む地域のことだって大きなテーマ

また、「居場所」ということが、人を左右することも大きいと思います。

たとえば、関西方面に生まれ育った人なら必然的に言葉遣いは関西弁になる。東北の人なら東北弁です。温暖な土地に育ったのか、寒冷な土地か、そうしたことも人に影響を与えます。生まれた土地から他所へ引っ越すこともあったでしょう。生涯同じ土地に根付いて暮らす人もいるし、転居を繰り返した人もなかにはいるでしょう。

土地や地域だけでなく、学校や組織もそうです。仏教系の学校に通うのと、キリスト教系とではおのずと教義や雰囲気もちがいます。そうした自分の「居場所」だったところのことを書くという選択もあります。転居を繰り返したのならそのたびごとに感じたことや土地柄のちがいなどがあるのかどうか、あるいは各所で出会った人びとのモノの捉え方のちがいなども執筆の対象になるでしょう。

生まれ育った場所が鬼門という場合もあるかもしれません。親と死別した土地だったとか、いじめにあった学校があったとか。土地や地域がすべてではない、故郷は土地のことではなく、人である、というようなことを言う人がいました。自分を大事にしてくれた人、その人のいた場所が自分の大事な「居場所」だったということになる。ならば、その人のことを書く。

わたしにも、中学時代に学校外で勉強を教えてくれた大学院生で兄のような人がいました。今でも思い出してはまた会いたいと思いますが、消息はわかりません。その人が住んでいた西武池袋線椎名町駅から徒歩十分ほどのアパートの四畳半の部屋は、今でも一つの「居場所」としてよく憶えています。

身近に感じたことから書き始めればよいのです。自分が感じたことにウソはありません。それが「書くこと」の出発点です。

決まったルールはない

書き方に決まったルールはありません。したがって先にも書きましたように、まずは自分がこれまで読んできた本の書き手の中で、この人は、と思う人がいれば、その人の書き方を一つのモデルとして、おおいに参考にすることです。

具体的にいえば、そのモデルの人の書き方が、「です・ます」なのか「である・だ」なのか。

また、「である・だ」の場合、「だ」よりも「である」が多いのかどうか。カッコの使い方はどういうときにどう使っているのか、漢字が多いかひらがなが多いか、文字遣い、たとえば「言う」という言葉をその人は「いう」とひらがなで表記しているのなら、そこまで真似てみる。そんなところから自分の「文体」を一通り決めておきます。

書き進めていくうちに、モデルだった人の書き方から少しずつ自分流へとスライドしていくことになります。それがいつか確立される。そのとき、あなたは書き手として一つの形を完成させたことになります。

決まったルールはない、とはいっても、だれかに読んでもらう前提で書くわけですから、読み手の立場にたった際に、どうすれば読みやすい文章になるのかを書き始めから意識したほうがよいのは当然でしょう。以下は、前の章の加藤典洋氏のところにも出てきた『高校生のための文章読本』の著者たちがその後に書いた『新作文宣言』（梅田卓夫・清水良典・服部左右一・松川由博著、筑摩書房）という本の中に出てくる注意点です。

① 誤字、脱字、かなづかいに注意する、
② 主語、述語の対応を点検する、
③ 文はなるべく短くする、
④ 一文、または一段落中の同語反復はさける、

⑤「が」と「は」の使い分けが正しくおこなわれているか、
⑥文尾の「です」「ます」調、「である」「だ」調の混用は原則としてさける、
⑦主語を省略しても文意が通るときは削る、
⑧「～と思う」「～と考える」などを乱用しない、
⑨「そして」「それから」「そこで」など「そ」の音で前文を受け継ぐ接続をさける、
⑩「～して」「～で」など、「エ」の音で続く部分を少なくする、

この『新作文宣言』という本は、定時制高校の生徒、つまり普段本をあまり読まない生徒相手にどうしたら文章や作文の話をうまく伝えることができるかと試行錯誤を繰り返した末に出来上がった一冊です。身近なテーマや思春期に興味を持つ題材を使っててていねいに書かれた、苦労が染み通った「文章作法の書」です。若い学生だけが読者対象ではあまりにももったいない。余力のある人はぜひ一度手に取ってみていただきたいと思います。

なお、右の十項目の注意点は、本当は一通り文章を書き終えた後に行う「推敲」の際に心掛けることとして挙げられていますが、ここでは先取りし、書く前の一応の心得として胸に留めておいてください。

仕込みとしての読書と資料

小説を書くにしても、ノンフィクションを書くにしても、仕込みは必要です。そのおおもとは読書です。自分がこれから書こうとしているテーマについて、最低でも二冊や三冊、なかでもその分野の保守本流の一冊を読まないで自分の本を書くことはありえないでしょう。

ただ、小説の場合、かならずしもそうとはいえませんが、読まないよりは読んだほうが、いいと思います。仮に、先に読んでしまうと自分の「書く」行為が縮こまってしまうという危惧があるようなら、書いた後に読んでみればよいと思います。その結果、自分が苦心して書いたことが意味もなく無駄になったというのなら（こんなに凄い先人がいたとは知らなかった。自分など足元にも及ばないと思い、書くことを断念してしまうこともあるかもしれません）、それはそれで致し方のないことと諦めるしかありません。

反対に、それによって方向転換ができて書き直しにおおいに役立ったということだってありうるわけで、もし書く前に読んでいれば、その遠回りの必要はなくなります。

読書に際しては、付箋と鉛筆をおすすめします。自分が引っかかったところ、参考になると強く感じたところ、逆に違和感をおぼえたところなど様々あると思いますが、そうしたところに鉛筆で線を引くか、そうでなければ付箋を貼ります。あとでそれをふり返って、自分の本を書く場合の参考にしたり、引用することにも使えます。

いまはインターネットが発達したおかげで、たいていのビッグデータは居ながらにして見ることができます。厚生労働省が毎年出している平均寿命の数字などは、だれにでも見ることができますし、たいていの公的機関が作る資料も、日本人なら（外国人でも）ほぼだれでもいつでも見ることができます。それらは労を惜しみさえしなければ使える資料になりますので、自分のテーマに関連するデータを日ごろからチェックしておくことをおすすめします。

ただ、本を書く場合の本質は、あくまで自分だけが持っている体験や思想が核となります。データや本を読めばだれでも書けるような内容では、オリジナリティは出てきません。本を書く意味もありません。あくまで、自分自身の頭とからだで感じ考えたことを書くことが、自分の本を出す意味となります。当たり前のことですが、強調しておきたいと思います。

どうしても伝えておきたいこと

これも加藤典洋氏の本に出てくることです。ここでは「元気がない」ということについて、その意味を問うているのですが、わたしはこれを「書く気力がなくなったら」と置き換えて考えてみたいと思います。

（俺はいろいろ調べた。いろいろ書こうと考えている。でも、そんなことは、いってみれば知的虚栄にすぎない。関係ないどこかのレゲエおじさんから見たら、アホのようなことに違いない。いまは熱くなっているが、一年たてば、バーカ、というようなことに違いない。さて、そんなことはみんな忘れてしまえ、調べたことなんてみんな棄ててしまえ、バカになれ、アホになれ）……と、そうして、何が残るのか。それでもやはり、これだけは書きたい、という形で何かが残るとしたら。――この「不元気」状態は、この「それでもやはり書きたい」ひとカケを得るために、つまりは、わたしのイニシエーション（通過儀礼）なのである。（加藤典洋「『元気がない』ということの元気のなさ」『この時代の生き方』講談社）

気力が萎え、体力的にも対外的にも、もう自分に自信が持てない、何かを自ら発信することと自体に、もはや意味を見出せない、という時間はだれにもあるものです。だからといって、それまで何十年と生きて、見て聞いて歩いて、人と意思疎通してきたすべてのことが一切無効だったなどということはあり得ません。

仮に、もう死んでしまいたいと思うときでも、その「死んでしまいたい」と思うに至った心の経緯を書きとめること、あるいはそこから回復していく過程を少しずつでもメモしておくことは後々必ず意味をもつことになる。今が苦しければ苦しいほどそうなると思います。

じつはわたしも、勤めていた会社を退職する時に、「抑うつ状態」という診断を受けていました。社を去る最後の株主総会では、一部の従業員株主から批判を浴び、抑うつ状態は悪化しました。そのままひとりで帰途に就いていたら、途中の駅で電車に飛び込んでいたかもしれないと想像します。妻が気を利かせて迎えに来てくれたおかげで、わたしはいま生きておりますが、そのときの「希死念慮」は、自分の意思ではどうにもコントロールできないものでした。

このときのことは、別の形で書き残しています。書き記していこうとするそのプロセスが、希死念慮から脱出し、心身を回復させるためのリハビリになっていたように、今ではふり返っています。同様のことは、ちょうどそのころに出版された『うつ病九段』（先崎学著、文藝春秋）という本に詳細に書かれています。この本の著者の先崎氏も、私と同じように「書く」ことによって自分に距離を取ることで、少しずつ元の状態へ戻っていく体験をしたようです。

このように、どうにもならない心の状態の時であっても、書くことの意味というのはあるのです。いやそれだからこそ、書くことの意味は大きくなると考えます。初めは自分のためにしていたことであっても、苦しい経験であればあるほど、他のだれかのためにもなっていくものと考えます。そういうものこそ、「書き残しておくべきこと」であり、「どうしても伝えておきたいこと」になるものであると、わたしは思います。

構成を考える

書くテーマが決まり、何を伝えたいのかが明確にあり、その中でも一番訴えたいことはこれだというものがある、そういう人は今すぐにでも出版を目指すべきでしょう。思う存分に書いてみるべきだと思います。

その際に、ではどうやって書き進めるのかという問題があります。やみくもに思いつくままに書く、という無手勝流の書き方がないとは言いません。小説やエッセイでは、そういうこともゼロではありません。でも、やはり「誰かに読んでもらう」ことを前提に考えた場合、無手勝流というわけにはいかないでしょう。もちろん、大作家が片手間に随筆を書くとか、大企業の経営者や有名な俳優が一般読者に向けて自分が経験してきたことや秘伝を書く場合には、無手勝流でも読み手は喜んで手にとってくれるでしょう。

でも、これから世に出る書き手には、そうはいきません。どこの馬の骨かわからない人が、知らない人に向けて一冊分の本を書く場合は、それなりに「構成」を考えてから書き始めるのが王道だと思います。もちろん、まったくの私家版として家族と近親者のみに配ることを前提とした場合は、それにこだわる必要はありません。ただ、その場合にも、後世の、まだ見ぬ自分の子孫が百年後にその本を手にすることを仮に想像するなら、やはり「構成」にはある程度は気を使ったほうがよいと思います。

前の章で取り上げた晴山氏も著書の中で「本は構造で書け！」として、自分と読者の「？」を解決するための体系を作るつもりで章立て・節を考えるようにすすめています。

では、実際の全体構成を、どのように考えたらよいのでしょう。

まずは、全体の分量をどのくらいに想定するのか。たとえば四六判（ごく一般的な本の判型です）で換算して二〇〇ページとしたときに、原稿枚数はどのくらいになるのか。

本には「組み方」というものがあります。簡単にいえば、一ページを何字、何行で組むかということです。四六判の場合、文字の大きさにもよりますが、文字数はだいたい四〇字から四三字、行数は一四行から一八行の間くらいです。それで計算すると、最小で五六〇字、最大で七七四字程度となります。四〇〇字詰め原稿用紙に換算すると、一・四枚から二枚弱という文字数になります。

たくさんの分量をなるべく少ないページ数に収めたい場合には、最大二枚くらいの分量を一ページに詰め込むこともありますが、その場合、見栄えはかなり「きつきつ」した感じになります。つまり、文字だらけです。一方、一ページに収める文字数を少なくした場合は、「ゆったり」したイメージを本全体に醸し出すことになります。どちらがどうとは一概に何とも言えませんし、良し悪しも見た人それぞれ、ということになります。

でもたとえば、文字のほかに図版がたくさん入るような場合には、多少文字数が詰められていても図版に目がいく分だけ、「きつい」感じは軽減され、ある程度のゆったり感は保てます。それぞれ何を書くのか、漢字の数は多いのか、だれに向けて書くのか、年配者か若い人か、幼少の人にも読んでもらいたいのかといったことにも左右されると思います。

章立てと小見出し

さて次に、では実際に「構成」を考える場合、どのようにそれを作ったらよいのかということが問題となります。

先ほどの選定で、一ページを仮に標準的な字数・行数である四〇字×一五行とすると、一ページの文字数はちょうど六〇〇字となります。これは原稿用紙に換算すると一・五枚。この一ページを見開いて二ページにしたときには、当然ですが一二〇〇字となります。原稿用紙にして三枚分です。みなさん読書の経験は普通にあると思いますが、この二ページ見開きというのが、構成を考える際の基本となるのです。

みなさんも本を読むときには、常にこの「見開き」の状態で読んでいます。どんなにページをめくっていっても、いつも目の前にある本を読むときのビジュアルは、この「見開き」です。これが本を読むときの普遍の状態です。この見開きの文字数をどのくらいにするとこの本はしっくりくるのか、組み方を決めるときにはそこをまずは意識する必要があります。ここは著者と編集者で相談して決めるところです。

次に、普通に本を読む場合、この「見開き」に、たとえばちょっとした評論だったりノンフィクションの本の場合は、「小見出し」が、だいたい一つ付いているものです。新書（天地は四六判と同じで、左右が小さい判型）ならば、どの新書にも「小見出し」が一定程度の間隔で付されています。小説やエッセイの場合は、小見出しはむしろ付いていないほうが普通です。でも、もしこれから小説なりエッセイを書こうとする場合にも、この「小見出し」を付ける意識は、同じように意味のあるものになると考えます。小説の場合、自分で想定した「小見出し」を、書き終えた後に消し込んでいけばいいと思います。

さて、この小見出しを、仮に二ページごとに付けていくことを想定して、全体のページ数からまずは割ってみます。仮に一〇〇ページの本を書くことにした場合、二ページに一つずつ小見出しを付けるとすると、五〇個の小見出しが付くことになります。

さらに次に、章（チャプター）の構成を考えます。じつは「小見出し」よりも先に「章（チャプター）」を考えるのがむしろふつうです。でも、今は「全体構成」をより細かい段階まで落として考えたほうがわかりやすいと思い、「小見出し」を先に出しました。

「章」というのは本の骨格を作る大事な柱となります。この「章」を仮に七つ作るとします。仮に、全部で一〇〇ページの本を作る場合は、各章に七つずつ小見出しを入れると想定できます。七×七＝四九≒五〇です。この七つの章立てとそれぞれ七つの小見出し、これを大きな骨格と小さな骨格というふうに据える。自分がこれから書こうとする内容をこの七×七＝四九に切り分けて、それぞれの章の名前とそれぞれの小見出しの名前をまずは仮置きします。

小見出しは、みなさんもそうしていると思いますが、「読む」側の息継ぎ（ブレス）の拠点となります。よく通勤途上で本を読む場合などは、この「小見出し」のところで区切って栞を挟んだりしますね。そういう役割がまず第一です。また、読む行為を続ける中での「クッション」ともなる。つまり文脈の中の接続詞的な役割を果たします。ここまで読んできた内容が次にどのように展開していくのか、どんな結論に導かれるのか、といった「読者の気」を左右するハンドルの役目も果たします。

何万冊もの本を読んできた「読み猛者」から見ると「余計なお世話」と映るのかもしれませんが、ないよりはあったほうがたいていの読者には親切だと思います。逆にいうと、小説のようなストーリー展開を「先読み」させるわけにはいかない文章の場合には、小見出しは「邪魔」となる。当然のことと思います。それでも最近、あえて大長編小説に小見出しを付す作家もちらほら現れ始めました。奥泉光氏の『東京自叙伝』がそうです。長いストーリー、しかも多くの登場人物が錯綜し、長い年月を扱う一大スペクタクル小説ならではの施《ほどこ》しのように思います。

一度立ち止まる

ここで一度立ち止まって整理します。

いまは仮に、一〇〇ページで七章立て、見開きに一つずつの小見出し、という前提で話を進めてきました。当たり前のことですが、これのアレンジはいかようにもできます。先に申しました通り、小説の場合などは、最後は章も小見出しもとってしまうことだってありえる。そこまで極端でなくても、さまざま考えられます。

二〇〇ページ程度の本を書くことを想定した場合は、七×七の二倍ですから一四章にそれぞれ七つずつの小見出し、でもいいですし、もう少し変形を考えて小見出しを三ページに一つとして考えた場合はたとえば全一〇章で、小見出しは各章に七つずつとすると、小見出し七〇個でトータルページでは二一〇ページとなります。あとは全部ケースバイケースで、アレンジ次第です。

さて、こうしてまずは全体構成を章立てと小見出しで作ってみます。次にそれをパソコンに打ち込んでいく。丸山健二氏は「手書き」にこだわるようにいいますが、わたしは今は、あるものは使うに越したことはないと思います。ただ、その場合、便利なものは必ず何かを欠落させているのも事実ですので、便利なもの（この場合パソコンのワープロ機能）に寄りかかりすぎないことを常時念頭に置いておくことが大事だと思います。

一字一句は、簡単に書ければ書けるほど、荒くなります。書き進める中で、一度どこかで立ち止まって、自分が書いた文章の一部を手書きで書き直してみてください。必ずといっていいほど、傍若無人なものになっているものです。自分ではまったく意識していないかもしれませんが、必ずそうです。手紙などを書けばそれはもっとよくわかります。手書きの手紙とワープロの手紙、一度みなさんも両方を書いて見比べてみてください。パソコンで書いたほうは丁寧さや謙譲さが少し欠落しているものです。利便性とは欠落をともなう。このことを忘れないでください。

書き始めたら後ろは振り向かない

さて、全体構成を作った後は、パソコンで毎日一小見出し分ずつ書いていきます。興に乗って三つ四つ分書くのもわるくはありませんが、その場合の「欠落」は三倍、四倍になっていることを自覚してください。もちろん最後に全体を何度も見直し推敲することを前提にしています。それでも粗さはかなりなものという自覚を常に持っていることです。ですので、焦ってたくさん書かなくても、一日一小見出し分ずつきっちり書くことを基本とします。

その場合、書く順番は、必ずしも第一章の第一小見出しから書く必要はありません。思いついたら、あるいは本を読んで刺激を受けて考えが進んだら、その場所（その小見出し部分）から随時、書けばよいのです。きちんと書くといっても順番のルールなどありません。ただ、きちんと書くことの意味は、ウソを書かないということです。自分のホンネは本当はこうなのに、一般的に新聞とか雑誌で学者がこう言っているからこうだろうといった「他人の言葉」で書くのはやめたほうがいい。きちんと書くとは、きちんと自分の言葉と想いで書く、ということです。

そして、書き始めたら、もう後ろは振り向かないことです。昨日書いた一小見出し分を今日も何度も読み直してそこばかりシェイプアップする。それでは先に進みません。また全体構成が膨大なものに思えてきてうんざりしてしまいます。あくまでマイペースかつ後ろを向きすぎず、そして焦らず淡々と、です。

いくら興が乗っている場合でも、一日にたくさん書きすぎないほうがよいでしょう。一日二時間、集中して書く、それができれば十分です。というか、それを習慣づけること自体がなかなか大変なことなのですから。一気に十日で書く、など考えなくていいのです。書くことに慣れる、そのほうが優先的に大事なことなのです。

そうして、仮に一〇〇ページの本を七章・七小見出しとした場合、一日一小見出しずつ書いていくと、四十九日で書きあがることになります。これでひととおりの一冊分が完成です。

さてここからがじつは本番となるのです。書き始めたら後ろは振り向かない。ひと息に書き続けてみる。それでいいのですが、そのまま本になることは、最初はない、と考えたほうがよいでしょう。なぜなら、必ず「不自然」なところ、「独りよがり」なところ、また「認識がちがう」ところがあるからです。場合によっては「誹謗中傷」や「差別的」なところがあるケースもあります。だから、第三者に必ず見てもらうことをしなければなりません。その第三者は、できれば「読むこと」に慣れた人がよいのですが、そうでなければ近すぎない人（家族だったり親友だったりではない、少し距離のある知り合いなど）がよいでしょう。

理想はやはり「編集者」と呼ばれる人に読んでもらうのが一番ですが。

以上はわたしが三十年間、出版社の現場で実務上経験したことからのアドバイスです。およそ二五〇人の書き手とのやり取りの中から汲み取った方法論です。書き手によっては手馴れた人がいて、何冊も本を書いてきています。先の晴山陽一氏がそうです。そうした人ほど、編集者とのやり取りはもちろんスムーズで、よりいい本、価値の高い本へと二人三脚で進めていくことができるものです。

一方、新人の作家や若手の学者ほど、こうした基本をわかっていただくことが難しく、またプライドと自信のなさが錯綜して、わけのわからないことになるケースがありました。みなさんには、ぜひこのあたりの感覚を、本を作る過程の中で掴んでいただきたいと思います。やはり「第三者」としての「編集者」の必要性は、手前味噌と思われるのを覚悟で繰り返し強調しておきます。はっきりと申し上げますが、独りよがりの本ほど迷惑なものはありません。仮に私家版の自己出版であっても、「個性」をより引き出して伸ばそうと考えるのなら、最初の読者であり「第三者」である編集者の存在は決して小さくありません。

スーパーエッセイを何冊も書いて一世を風靡したあの椎名誠氏でさえも、大事な一冊を書き終えた時には、最も信頼を置く編集者の目黒浩二氏にこっそり目を通してもらっていたと聞きました。エッセイストとして二十年ほど経ち、ベテランの域に入った後でもそうしていたといいます。本を書くという作業は孤独との戦いです。もちろん孤独を楽しむこともありますが、一方では独りよがりとの戦いでもあるのです。

三カ月と十日で一冊の本が誕生

さて、四十九日かけてひと通り完成した原稿を、今度は推敲する日々が始まります。この時点で、今度は常に全体構成と自分の主張・伝えたいこと（モチーフ）を念頭に置きながら、まずは毎日「二小見出し」ずつ徹底的に推敲します。四十九日の半分ですから二十四・五日かかります。それが済んだら次は「四小見出し」ずつ推敲する。ここで十二・五日。それが終わったら次は一章ずつ推敲する。これで七日。

さらに次は全章をザーッと一日か二日かけて嘗め回します。ここまでで、だいたい四十七、八日ほどが経過します。最初の完成に四十九日かかりましたから、ほぼ同数の時間をかけたことになります。そして最後に「まえがき」と「あとがき」を書きます。

この間の作業には人それぞれさまざまな推敲のしかたがあると思いますが、わたしの経験から述べますと、最初の完成からまずはいったん膨らませて、最後に削っていく、そんな印象を持っています。一度書き終えて見直したときに、あれが足りない、これも足りない、というふうに物足りなさや新たな事柄がまた湧いてきてそれを入れたくなる。そうしていったんは一・二倍くらいに分量が増えたりします。

三度目以降の推敲では、逆に「ここは書きすぎた」「これは過剰で感情的すぎる」などが目につき鼻についてくるものです。そうした、言ってみれば「臭み」を取っていく作業を何度かやる必要があります。ここが「独りよがり（独善性）」を剥いでいく作業になるところです。プロの書き手でも、なかにはこの独りよがりを「こだわり」として削除に応じてくれない人がいました。

また逆説的に聞こえるかもしれませんが、きれいに推敲しすぎて、せっかく持っている独自の味わいまでそぎ落としてしまうケースもないわけではありません。たとえば、幼くして亡くなった子どもの残した詩や文章を本にまとめたいとき、親や編集者は最低限の施しをするにとどめたほうがいい。朴訥さや拙さの表現にこそ「伝わる」ものがある、というケースがときにはあります。推敲や添削は、悪くするとこうした「不完全さ」を殺してしまうと、先の加藤典洋氏も『言語表現法講義』の中で述べています。

本は一度出してしまえば（流通した場合ですが）、あとは読者のものになってしまいます。二刷、三刷が出れば修正は効きますが、大きな書き直しはできないのが普通です。だから気をつけなければならないのです。本当はこの点こそ「編集者」の存在が大きく意味を持つところなのですが（さらにいうと権利侵害や名誉棄損といった点の確認も含めて）、この段階ではそれを自分でやります。

さて、これでトータル百日分の時間を要しました。三カ月と十日。人間が一人誕生するのに母のおなかの中で十月十日かかりますから、それより七カ月も早く一冊の本が生まれるのです。これは一〇〇ページの本の場合です。二〇〇ページなら単純計算すれば二倍の二〇〇日。また書き手の生活パターンや事情によってもさまざま個人差があると思いますが、このあたりが一般的な、書くための方法と時間ということになるのではないかと思います。

第6章　書くことから距離をおく

新聞の書評欄

今はもう十代、二十代の若い人たちの間で、新聞を取って読んでいる人はあまりいないようです。かつて勤務していた会社の新人採用の面接試験では、新聞を読んでいるかどうか毎回聞いてみましたが、親と同居している応募者以外はほぼ全員、新聞を取っていませんでした。ネットニュースで十分ということなのでしょう。

しかしわたしは出版社を志望したり、本を書こうとしている人には、新聞は読んでもらいたいと思っています。なぜなら、どの新聞にも必ず書評欄があるからです。朝日、読売、日経くらいは、書評が出る土曜か日曜の紙面には毎週目を通してほしいものです。

書評というのは、それを書く専門家はいません。というか書評執筆家と名乗る人はほとんどなく、学者や作家や評論家が片手間でやっているケースがほとんどです。書評というのはしかし、簡単そうでなかなか難しい仕事です。ただ本を読んで感想を書くのなら、小学生だってやっています。衆目の前に本の評価を表出するのは、かなり神経を使うものです。

その分野の専門家、たとえば文学なら文学に精通する学者なり作家が書くのですから、大きく外れたことを書くはずはない、ということはあります。ただ、その際に、その本の主題やモチーフをきちんと把握しているかどうか、その本の書き手が何を訴えたかったのか、それは社会にどのような影響を与えることになりそうか、といったことを要点を押さえて短い文章で的確に表現するのです。それは読み書きの基礎がしっかり身についていて、読者という「その本を読んでいない人たち」にきちんと伝える技術を要する仕事なのです。

出版されたばかりで評判になりそうな新刊書を評するのですから、読者は概ね、その書評に期待をします。その期待を簡単に裏切る書評というのがあるものです。その本を評する形を取りながら、自分の主義や主張をそこに書き込んでしまったり、読み間違えていて指摘が正確ではなかったり、もっというと、そもそも読まないで評しているとしか思えないものがあったりします。

新聞の書評欄を毎週読み続けて三十数年にもなると、そういうことがだいたいわかるものです。それでその書評者のホンネを垣間見ることもできます。それがその書評者への評価や信頼にもつながります。だから、書評というのは案外、厳しい仕事なのです。実際、数百ページにも及ぶ大著を書評するには、何をおいてもその数百ページを読まなければなりません。それだけでも時間と労力を要します。そのうえさらに、その本の内容をきちんと把握し、どこがどう興味深いのか、どこが舌足らずなのかといった評価を下さねばなりません。読むだけでなく書かねばならない。労多くして益少なし。それゆえ、この仕事を受けない人も結構いるようです。

けれどもこの書評というのは、書き手の能力をかなり鍛えてくれる仕事です。まず読む訓練になる。それから主題やモチーフを把握する練習になる。それらを的確に書くという修練になる。そしてまた、人びとに小さくない影響を与えるものでもあります。そうして読書や出版といった文化世界を広げていくことに寄与することになるのです。

書評の存在意義

本を出版した人なら、だれもが書評を気にするものです。この書評というのは、必ずしも大手出版社ばかりをひいきにしているわけではありません。たったひとりで操業している出版社の本であっても、意義ある本であるなら分け隔てなく取り上げられる可能性を持っています。しかも広告のようにお金がかかることもありません。

書評者が、ではどのような気持ちで書評を書いているのか、一つ事例を挙げてみます。

本書は、この春まで日銀の副総裁を務めた岩田規久男氏が、副総裁時代の日記を一冊にまとめたものだ。もともと岩田氏は日銀に批判的な論者で、かねてから大規模な金融緩和を唱えていた。そのような同氏に、日銀副総裁に就任するという「信じられないようなこと」が起きた。そして大規模どころか異次元の金融緩和を進めることになったのである。

（「読売新聞」二〇一八年一一月一八日、坂井豊貴慶応大教授による）

このように始まり、次のようにつなげていきます。本の力はもとよりのことではありますが、その意義や意味を二つ、三つ積み重ね、読者の関心を呼び起こそうとしています。

本書は直截《ちょくせつ》に書かれており、読み物としても抜群に面白い。岩田氏は副総裁時代、さまざまな論者から批判や難癖を受けた。それに対し実名をあげ、批判を返したり、論評したりしている。国会に参考人として呼ばれたとき、不遜な態度で攻撃してきた相手には「質疑は無駄」だと手厳しい。（中略）すなわち本書は第一級の、政策と時代の証言である。

全八百字を十全に使い、本の内容と趣旨を的確に表現しています。そして最後にこうあります。「岩田氏が日記をつけることにしたのは、副総裁に任命されたとき、長い付き合いのある編集者がそう勧めたからだという。この出版社は実に重要な仕事をしたというほかない」と結びます。最後のところでは本の誕生の契機になった点を挙げ、本というのは必ずしも著者一人で生みだされるものではないのだということを強調しているようにも見えます。

じつはこの「編集者」とはわたしです。この書評が出た直後に、評者である坂井教授の大学の研究室宛てにメールで連絡をとり、お礼の言葉を送りました。その後にいただいた返信には、「いつも書評は『著者がこれを読んでがっかりしませんように』という気持ちで書いております」とありました。書評者というのは、本の書き手を励まし敬意を表するのが仕事でもある、ということなのでしょう。かれらはこのような思いで、本を評しているのですね。

今では大新聞といえども若い人を中心に読者が減少し、そこで書かれる書評の影響力も弱っているといわれています。けれども新聞紙上からネット上に一部、場を移したりしながら「書評」は今も生き続けています。今後も本がある限り、「書評」は厳然と存在し、機能し続けていくことでしょう。出版を目指すとき、こうした「書評」という視線があるということを、忘れないでいただきたいと思います。

書評の達人

新聞の書評を書く人の担当期間は、だいたい二年から三年といわれます。けれども中にはかれこれ十数年も同じメディアの書評欄を担当し続けている人がいます。中沢孝夫という人がそのひとりです。中沢氏は中小企業論や地域経済論を専門とする学者ですが、日本経済新聞の夕刊の「エンターテインメント読書」という欄を、十五年にわたって書き続けています。

この欄では毎週三人の書評者がそれぞれの分野で三冊ずつ本を取り上げて、その中で一番評価するものを書影入りで上五分の三のスペースに、次点、次々点を下五分の一ずつを使って表します。これを三週間ごとに別の評者と入れ替わりで担当するという仕事です。年間五十二週ありますから毎週一冊ずつ読む必要があります。その選書をまずはおこない、その中からベストを選びコメントを書く。それぞれに星印を最大五つ付ける。評価の低いものは星印一つの時もある。そういうしくみです。たとえば二〇一八年九月十五日の夕刊では、金城隆一氏の『記者、ラストベルトに住む』（朝日新聞出版社）を取り上げて、こう評します。

米国の高卒ブルーカラーの哀しみ、怒り、嘆き、そしてトランプ大統領への期待という絶望的な現実が胸に迫る。

誰もトランプを道徳的なモデルなどと思っていない。

かつての時給は20ドル。今は10ドルを下回り、その仕事すら危ういという日々を生きる白人ノンエリートの米国の支配層への憎悪と繁閑の表現が〝トランプ現象〟であることがよくわかる本だ。ポピュリズムだ、民主主義の危機だ、などというのは寝言である。

自分たちの住む地域のぼろぼろの道路すら直せず、若者が薬物やアルコールに倒れていく現実のなかで、これまでとは異なった政治の言葉と行動が欲せられたのだ。丹念な調査報道の傑作である。

全部でわずか三〇八字しかない分量で、ここまで一冊の本の本質を上手にすくい、なおかつ読みたいと思わせられる書評はもう職人技としか言いようがありません。中沢氏は、ほかにも「東洋経済」や総務関係の専門誌でも書評欄を担当しています。そのほか、もちろん自分の著書もたくさん持っています。自分の本を執筆する傍ら、書評の仕事もこなす。読んで書くという労を厭わず、それら読んだ本を自分の糧としてしまう。見事な仕事っぷりです。

こうした「読み巧者」の目にかかると、いい本かどうか、きちんとした検証や正確なデータのもとに書かれている本かどうかといったことが一発で見抜かれてしまいます。こういう人がいること、そしてこういう人に自分の本が読まれる可能性があるということを、頭の隅に忘れずに置きながら、自分の本を出版することを考えてください。

書評者の視線

このように、書評家という文筆業があります。でも、それまで「ブック・コメンテーター」という職業はありませんでした。一九九六年四月にＴＢＳテレビで始まった「王様のブランチ」という番組の朝一番に本のコーナーがありました。そこで初代コメンテーターとして出演したのが松田哲夫氏でした。

松田氏は筑摩書房で、専務にまでなった人です。筑摩で編集の仕事をしながら、途中一年間、本のコーナーがお休みになったこともありますが、結局十三年もの長い期間にわたって、松田氏はこの番組に出演し続けました。毎週土曜の朝九時頃に、このコーナーは生放送で放映されていました。前の晩に遅くまで飲んで、翌朝この番組を見るのがつらいときもありましたが、よほどのことがない限り、わたしも義務のように見たものでした。

松田氏の『「王様のブランチ」のブックガイド２００』（小学館新書）を読むと、冒頭から、この番組に出演するいきさつ、司会者や出演者らとのやりとりが一気に書き記されていて、テレビの舞台裏を覗くようでもあり、おもしろく読みました。関根勤さんがじつは大変な読書家であることや、数いる芸能人の中で神田うのさんだけはまったく裏表のない人だったということを知ることもできました。

また、同業の先輩でもあった人なので、ある程度人となりを知っているつもりでいましたが、案外正直に事実が書かれていて、思っていた以上に謙虚な人だったのだなあと、思い直したりもし、その点でも意味がありました。

中に、書評についてこのようなことが書かれています。

ぼくは「ブランチ」のコメントでは、ネガティブなことは一切言わない主義でいる。自分自身、編集者という本を作る立場にいるので、これまでに、けなす書評を読んで、「世の中に本はたくさんあるんだから、わざわざ悪口を言うために取り上げることはないだろう」と腹が立っていたからだ。

（松田哲夫『「王様のブランチ」のブックガイド２００』小学館新書）

あるとき、「今週はこれでいこう」と八割がた読んで決めていた本が、最後に「オヤッ？」と思わせられる出来だったことがある。でも、そこには触れずに他のいい点を強調して話したそうです。ところがその後、ある大型書店の人に「いつもは、もっと売れるんだけど、どういうわけか、全く売れないんだ」と言われたのだとか。悪口は言わないつもりでいても、テレビでは言葉と裏腹に、表情や身振りでついホンネが出てしまうのだろうということです。

これは、編集者であり、またテレビというメディアだからこその反応なのでしょう。松田氏は、ネガティブなコメントはしないと決めていたようですが、編集者というのは、わたしがいうまでもなく、イマイチと思う原稿や内容に対しては、ウソがつけないものなのです。どんなに絶賛したいと思っても、心から感動しないものに、口先だけでいつわりの感動を伝えることはできません。

また、書評というのは、「書物」を「批評」することですから、場合によっては「わざわざ悪口を言う」ために取り上げたっていいのです。その点は——このときの松田氏の立場はよくわかりますが——わたしとは少し考えが異なるところです。

毎日二〇〇冊近くの新刊が出るわけですから、その中から腐するために取り上げることもないだろうとは思います。けれども、この本だけは放ってはおけない、ということだってあるのです。昨今のヘイトスピーチ（ヘイト本）などは、人間の尊厳を蔑むようなところがあります。言論の自由との境界線が難しいといわれますが、むしろ言論は自由だからこそ、言論（書評）でもって一くさり刺しておくということはあるのです。

ここではただ、そうした書評の位置づけのことは横に置きましょう。頭に入れておいていただきたいのは、書評というニュートラルな立場から視線を送られる事実があるということです。いったん、公に文章を晒したかぎりは、その視線からはもう逃れられず批評を投げかけられる可能性があるということです。

清濁併せ呑む書評家

世の中にはものすごい読書家がいます。しかも、学者や小説家でもないのに毎日一冊ずつ読んでいるような強者の読者がいます。かれらは、ただ読むだけではなく、ウェヴを使って読んだ本の感想を発信したりします。ひと頃よくいたアルファブロガーとかインフルエンサーと呼ばれる人たちです。

かれらは紙のメディアで書評を書くよりも、ネットのブログでレヴューを書いてアフィリエイトという広告を得るほうがお金になると豪語します。各出版社や著者がこぞって本を寄贈するので、本代もかかりません。うらやましい職業だなと思わなくもありませんが、紙の書評に慣れた世代のためか、どこか胡散臭く見えてしまい、今でもやはり、新聞や本の中に出てくる書評のほうがしっくりきます。

先の新聞書評とはまた別の形で、紙の本の中で書評をする人たちがいます。自分の主張を書く際に、他者が書いた本から引用することは、どんな本でも普通にされていることです。けれど、そんな中でも読書を基点として自分の考えを書き連ねていく書き手がいます。書評本作家とでも称していいのかもしれません。

そんな書評本の書き手の一人に勢古浩爾という人がいます。硬派な評伝から柔らかいエッセイまで、縦横無尽な執筆ぶりで、この二十年の間に四十冊以上の本を出版しています。

勢古氏が二〇一八年に出した『定年バカ』は、半年ほどで五万部を突破するほど売れているようですが、わたしも出てすぐに読んで、捧腹絶倒のまま最後まで一気に読了しました。この本では書名の通り「定年後」について、これまでにたくさん出版された多くの本を片っ端から捕まえて、これでもかとばかりに腐していく一冊です。腐すわけですが、これが嫌味はなく軽くあしらうといった風情の書きっぷりで、読後感はむしろ爽やかです。

たとえば二〇一六年に翻訳書が出て、日本でもすでに二〇万部を超えて売れている『ＬＩＦＥ ＳＨＩＦＴ』について、こんなふうに書くのです。

現在の人生八〇年でも、個人としても国としても、困難続出である。ふたりの学者先生にはまずそれをどうにかしてもらいたい。未来に逃げるのはこすっからい。現在の問題についてはすぐ結果が出る。しかし未来はどうにでもごまかせる。そのうち、こんな本があったことも忘れ去られる。「長寿化が進めば人生の時間が大きく増える。（略）人生70年なら一生涯は61万3000時間だが、人生100年なら一生涯は87万6000時間になる」。こう書くとなんだかシャレていてインテリっぽいではないか。しかし、書き方がいんちきくさい。人生一〇〇年を時間換算してなんの意味があるのか。

（勢古浩爾『定年バカ』SB新書）

勢古氏にはほかにも『ビジネス書大バカ事典』（三五館）とか、『定年後に読みたい文庫100冊』（草思社文庫）といった「書評本」があり、それらもテイストはこの『定年バカ』と同じように痛快で爽やかです。けれどもこの人の凄みは、そうした文章の芸だけにあるわけではありません。古い本ですが、『自分をつくるための読書術』（ちくま新書）という本では、引っ込み思案で世間との関係の取り方に悩んだ若い頃の自分をふり返っています。また、強く影響を受けた思想家の吉本隆明の言葉を取り出して論じた『ぼくが真実を口にすると　吉本隆明88語』（ちくま文庫）では、人間が生きることのほんとうの意味を真正面から説いています。いってみれば、清濁併せ呑む、そういう書き手です。

基底には多くの「本」があり、その豊潤な読書体験を通じて自分の想いを文章にする。こういう仕事があるのです。本を介して三十数年間仕事をしてきた者にとっては、一つの結晶のような執筆業であり、憧れの仕事です。書くことの前提に「読むこと」がある。こういう書き手の存在をつぶさに見て、しかも多くを学んできたから、なおさらそのことを強調したいのです。

そして、こういったほんとうの読み手であり書き手でもある人が、これから出版される本の最もまともな、そして最も厳しい読者になるということです。自分が書いた文章を、距離を取って受けとめられる。ほんとうの読み巧者の目に触れることになるということを、出版するにあたっては、どこかで意識を持っている必要があるのです。恐ろしくもあれば、逆に評価される可能性もあると想像すると、楽しみでもある。それが出版の醍醐味なのです。

地域の新聞社にも送る

ここまで、少々しつこく、書評者という人たちについて書いてきました。なぜ、書評者の書評にここまでこだわるのかというと、本が出版された後の、第三者による評価の最たるものだからです。そこで評される内容が、最もポピュラーな評価だと考えるからです。

自費出版であっても商業出版であっても、本を作って流通に乗せて、それを自分以外の人たちにも読んでもらえることは、書き手にとっても編集者にとっても望外の喜びとなります。その評価が良くても悪くても、励みになり次にまた繋がる糧となります。そのためにも、本が出来上がったら、手間や費用を惜しまずに知人や知り合いの書き手の方に献本をすることをおすすめします。

また、住んでいる地域の新聞社にも必ず送ってください。地方紙はもとより、大手新聞社の地域版宛てに献本します。新聞社とくに地域の記者は、常にホットな情報を求めています。なかでも文化の最たるものである本に対しては、どの記者もみな意識が高いものです。紙面に紹介されたり、場合によってはインタビューを申し込まれたりすることもあります。ぜひ積極的に寄贈してください。

書くこととしゃべること

書くことが一通り済み、推敲に入る前に、自分がそこまで書いた文章にいったん距離を取る。そのことの必要性について、もろもろ述べてきました。しかし一通り書き終える前に、途中で止まってしまうということがあります。スランプとか自己疑念だとか勢いが止まってしまったとか、いろいろ理由はあると思います。そうしたことはプロにもあることです。文章のプロである作家や学者でも、よくあることです。

そうしたとき、かれらがしていたことの一つに、自分がしゃべった文章を録音して起こしてみるということがありました。手で書くことと口でしゃべることは、思考の働きや時間の使い方がかなり異なります。書くことに飽いたとき、しゃべることで滞っていた意識が動き始めることがあるようです。だれでも簡単にできることですから、一度やってみてはいかがでしょうか。

解剖学者の養老孟司氏は、もともと書く文章もしっかりしていて一文が短く、わたしには読みやすくていい文章だと思えます。けれども本人や一部の評論家の評価では、養老氏が書く文章は読みづらく、やや難しいと言います。そうした理由では必ずしもないと思いますが、二〇〇三年に出た『バカの壁』（新潮新書）はしゃべったものを録音して起こし、編集者が文章を整え、そのうえで養老氏が手を入れたというプロセスを経て一冊の本になったものでした。それが奏功してか、四〇〇万部超の大ベストセラーになりました。

これ以降、とくに「新書」レーベルでは、しゃべって起こして原稿にするという方法が前面に出てくるようになりました。それまで地道に手で書く作業をしていた書き手の人たちが、われもわれもとテープ起こしで原稿を作成する手法へと流れました。

そんななか、橋本治という作家は、手で書くことを手放しませんでした。しかもワープロすら使わない。大きな四百字詰め原稿用紙に直筆で一マス一マス文字を埋めていくのです。

この人は、「私の体は頭がいい」ということを言って、頭でなく体で書く、実感レベルを絶対に失わないという気持ちで書く、極めて奇特な作家でした。先の加藤氏がいうところの手が書かせるということを、ほんとうに実践している数少ない書き手でした。

この人の仕事を長年見てきました。ですので、わたしは執筆というものはあくまで自分で書くことが基本だと今でも思っています。途中で止まってしまったときのカンフル剤としてしゃべった言葉をテープにとって起こしてみる、あるいは勢いを取り戻すための助走としてしゃべりを活用するということはあってよいと思います。でも基本はやはり自分で書くことです。

なぜなら、しゃべりでは「思考」がついてこないし、考えが煮詰まらない。また、書くことの習慣が培われないと考えるからです。手を動かして書くことでこそ、思考が鍛えられ、熟慮がそれをさらに押し上げる、そこにさらなる読書(読むこと)が重なること、それが「執筆」であり、「書籍」となる原点であると考えます。そのことはパピルスの時代から電子書籍に至る現在にまで通じる普遍の法則のように思います。

一方、大勢の人びとの前でしゃべる、つまり講演という形式があります。これは単なるしゃべりとはちがい、より価値のあるものだと思います。

吉本隆明という思想家がいました。一九六〇年から七〇年代にかけて全共闘世代を魅了したカリスマのような人です。その吉本の講演のほとんどに出かけて行って、テープを録音し続けてきた宮下和夫氏という編集者がいます。宮下氏によると、吉本は「自分は講演が下手だ」と言っていたけれども、ある講演の中で「僕は常日頃、自分のお喋り自体をひとつの作品にするつもりで喋っています」と言っていたといいます。

目の前の聴衆を今この時の最も大事な相手と据えて向き合い、そこに全力を尽くす、それは「作品」を仕上げるようなつもりで臨むことなのだと。発言者としての覚悟とか人間としての誠実さが、この言葉から真っすぐに伝わってくるようです。作家の五木寛之氏も同じことを言っていました。講演でのしゃべりと原稿のためのテープ起こしのしゃべりとは異なるものであるということを、ここでは最後に付け加えておきたいと思います。

社史も同様に

これまで自分がしてきたことや探究してきたことを整理して出版することを目指してきました。そのためには一旦、書くことから距離をとって自分を相対化し、客観視することも必要であると述べてきました。それは自分個人（自己）というひとりの人間にのみ通じることではありません。会社やその他組織において、自分たちがしてきた活動をふり返って整理し、まとめておく場合にも同様のことがいえます。

社史という出版物を作る場合にも、一定程度の距離をとって五年なり十年なり三十年なりの来歴を整理することが必要です。どの会社も団体も、自分たちがおこなってきた事業を美しくまとめたいと思うものです。そのために作るわけですから基本的にはそれでよいのですが、それでも目的は身内つまり社員に自社の歴史を知ってもらうだけではありません。たいていは、ステイクホルダーである取引先にも配布したり、広報部門が今後の活動のために外に向かって発信したり、外からの取材に応じる道具として使ったりします。

もし、手前勝手に美化されているとか、特定の組織や団体を攻撃している内容が書かれていたら、読んだ人は「おやっ」と変に思うものです。せっかく作った上製の立派な社史でも、中身については低い評価しか得られないとなれば、作った甲斐はありませんし、むしろ会社の評判を損ねる可能性さえあります。

神奈川県川崎市に県立川崎図書館があります。この図書館では一九五八年の開館当初から全国の社史や経済団体史を収集してきて、二〇一六年の時点で一万八〇〇〇冊もの社史を所蔵しています。わたしも一度訪問し、閉架中の書庫を含めて全容を見学させていただいたことがあります。そのインパクトは生涯忘れないと思います。それはもうこの「社史室」一室だけで、日本の経済と産業を支えてきたあらゆる企業の成り立ちと変遷をつぶさに知ることができる一大パノラマのような空間でした。しかも食品産業から運輸業、アパレル、エネルギー、自動車等々あらゆる業種の十年、三十年、五十年、百年の歴史がびっしり詰まっている場所です。

司書の高田高史さんにお話を伺ったことがあります。社史の編纂はどの会社でも必ず検討していますす。なかでも三十年史が最も多いのだそうです。かつて一九八〇年代に「日経ビジネス」誌が「会社の寿命は三〇年」という衝撃的な内容の特集を組んだことがありました。その三十年を超えたことに大きな意味を見出す会社が多いのです。だから三十年で一冊作る。その後は五十年でまた一冊。以降は十年ごとに写真だけを集めた大判の薄いもので補填したり、年度ごとに作った製品を列挙した冊子を作るのだそうです。七十年、八十年でまた小ぶりの本を作る。そして百年ではどの会社もほぼ必ず作ります。その際、百年目で初めて社史を作るということはまずない。もう創業時の社長も社員もいません。そのためにも十年単位で記録を残しておくことをするのだそうです。

本業で手いっぱいの会社には余裕などないのかもしれません。ですが、社史というのは経済の一コマを切り取っておく産業史です。また人間が集い苦悩し努力しながら活動した立派な文化遺産です。ですので、小さな会社であっても、本業で忙しいときでも、活動記録を残しておくことをおすすめしたいと思います。

社史をきちんと作ることを本気で考える場合、「読む人」を想定したとき、単なるクロニクル（日記、記録）でしかないものなら、人びとには届きません。クロニクルをどうやって「ストーリー」にするか。山あり谷ありだった社業の歴史を無味乾燥な記録だけで残すのではなく、文脈を作りながら読み物としてまとめる。それが必要になります。

そのためには、社史においても自分たちの活動記録からいったん、距離をとることが必要になるのです。いや、むしろ、これまでにたくさん作られてきた社史のなかの「いい社史」は、どれもそうした客観視に耐えうるものになっています。自己の出版を考える場合にも、「いい社史」から教えられることが少なくないのです。

ヨソから来るもの

書き始めたけれども、途中で書けなくなるということがよくありますね。多くの物書きの人たちもそのように言っていますし、実際書けないことを書いてもいます。そうしたとき、どうするのか。

ここで皆さんに言いたいことは一つ、書こうとするときにその邪魔、障害として現れてくるものを回避したら、絶対にいいものは書けません。書かれる文章に力を与えるのは、その障害、抵抗なんです。僕などは、だいたい準備した後、どこかが自分の書けないところかを見極めると、そこに自分をパラシュートで投下させますね。書けないところから書く。まあ、これは極端で命を縮めますからすすめませんが、少なくとも、書けない、これはチャンスだということです。

(加藤典洋『言語表現法講義』岩波書店)

プロの書き手がやっていることを真似るのはどうかと思いますから、命を縮めるやりかたをわたしもすすめません。ただ、同時に加藤氏はこうもいっています。一度、自分に見切りをつける。「かわいい子には旅させよ」式に自分を空にする。そうすると「他者」である自分がヨソからやってくるといいます。もっというと、「誤植」ですらも「ヨソから来るもの」として活かしてしまうのだそうです。

画家のセザンヌは外へ絵を描きに行くことを「モチーフに行く」と言ったそうですが、ここでいう「モチーフ」が「ヨソから来るもの」でした。印象派の画家たちとそれまでの絵の違いは「色から光へ」でした。それは「自分の考えを書く」から「ヨソから来るもので書く」というちがいだったのではないかと、じつに面白いたとえで説いてくれています。

つまり、書き続けられずに立ち止まってしまった場合は、そのまま自分を放ってしまう。しばらくその放りだしたままの状態でいる。そうやって自分自身からいったん自分に距離を取る。そうするとしばらくしたのち、ヨソからやってくるものがある。天才画家流にいえば、神が降臨する、ということがあるよ、ということです。天才でなくても、そういうことはだれにもありうることと、二五〇人の書き手とつきあってきた経験から、わたしは思います。

第7章　本は永遠に残る

出版へのアドバイス

今では、アマゾンのサービスを駆使して本を作ること自体だれにでも可能となりました。しかもほぼ無料でできるようです。そんな時代になぜ、あえて他の方法で本を出すのか。その意味は前にも触れましたが、「校閲・校正」および「編集」という作業において、第三者の目とアドバイスが、かなり大きくものをいうからです。

商業出版だけに意義がある時代は、少しずつ終わり始めています。また先に見たように、既存の出版流通そのものが危機に瀕しています。それと比例するかのように、商業出版以外の道を探る動きが今後さらに活発化するように予想します。その主体は、自費出版専門の会社であったり、アマゾンのようなサービスであったり、印刷会社が持っている自費出版部門であったり、さらには新聞社であったりします。たとえば朝日新聞が「自分史」をいま購読者に売り込んでいますし、また各都道府県の地方紙はこの分野に積極的です。

さらには、大手出版社もそこへ参入しつつあります。本業の商業出版が年々厳しさを増している分、ほかの何かで稼がなくてはならないという実情があります。もうひとつは、新聞社もそうですが、自社の「人余り」への対策です。「老齢記者」「老齢編集者」の配属先として新しく自費出版の部署を立ち上げ、居場所を確保するということです。

こうした部門の実態をわたしは詳しくは知りません。中には本当にいい記者、ベテラン編集者に巡り合い、その指導の下に、いい一冊を作ることができることがあると思います。ですが一方、本来の記者業、編集者業からすでに卒業し、本当はやりたくない仕事として自費出版部門を任されているという社員もいないとは限りません。そうした編集者に当たってしまうと、情熱を持って伴走してはもらえないのではないか、ついそんなふうに想像してしまいます。

村上光太郎『本づくりの本』を読んでみる

かつて神奈川県藤沢市に「武田出版」という出版社が存在しました。一九九五年九月に設立され、「心の叫びとしての自費出版」を標榜し、十数年活動をつづけた、良心的な出版社でした。現在は社長と専務がともに他界し、活動は停止しています。社長だった村上光太郎氏が残した『本づくりの本』という一冊があります。本扉をめくると、目次の前のページの中央に「一億総自費出版時代の幕開けに捧ぐ」とあります。

中を見ていくと、自費出版に対する意欲と情熱があふれた内容が書かれています。当たり前のことでしょうけれど、村上氏は出版のことをよくご存知で、本が一冊出来上がるまでの全工程を、起承転結の順番で、これでもかというほどていねいに解説し、本を作る作業というものがいかに素晴らしいかを繰り返し述べています。4の章の冒頭に原稿の整理について書かれているところがあります。

大変残念ですが、出版社に持ち込まれた原稿はそのまま本にできないものも多く、ほとんどが何らかの形で編集者の手が入ることになります。あなたの原稿が本になり、多くの人がそれを読む、ということを考えれば、原稿の段階で一度あなた以外の人に読んでもらって、その感想を聞いておくのも無駄ではないでしょう。原稿が読む人の気持ちになって書かれているか、著者の心がうまく伝わるかを知る一つの目安になります。

（村上光太郎『本づくりの本』武田出版）

自費出版の場合の一番大事なことがここにそのまま書かれているように思います。先の、アマゾンを駆使して作る『出版のススメ』のところでも述べましたが、誤字脱字のチェックもさることながら、「独りよがり」になっていないかどうか、そこが最大のチェックポイントになると思います。

この本ではまた、組版から始まり製版、刷版へと工程をたどる印刷の流れまでじつにていねいに教えてくれています。まあ、そのプロセスを解説する中で、だから武田出版で本を作ればこんなに安価でできるという宣伝をしているところもあり、そこはご愛嬌でもあろうかと思いますが。

で、書物というものの将来を考える際にじつはこの本の中に、重要な点が一つあるのです。それは、紙の製造工程に欠かせない物質である硫酸アルミニウムから出る硫酸イオンによって、紙が劣化するという点です。

既に十九世紀後半から世に出た欧米の古書がボロボロになっており、図書館などでは深刻な問題として対策に取り組んでいるとの情報が伝えられています。このことは後世に残す良書の出版を志す私たちにとって、重大な問題として受け止めざるを得ません。幸い、わが国では酸性物質を含まない「中質紙」への転換が、徐々に進みつつありますので、これからの出版物は、問題が少なくなると思われています。（同書）

この本が出版されたのは一九九九年ですから、かれこれ二十年ほど経っていますので、この「中質紙」への転換はかなり進んでいるものと推察します。けれども紙は紙です。じつはこういったところにこそ、電子書籍として残しておく意味があると考えられます。ただ、電子というのは元の電力が途絶えてしまえば、結局は読むことができなくなる。その点では、劣化はするけれどもほかに何も動力の必要ない紙の本の価値もある。つまりは、両方で残しておく。それこそが本の命を守る今後の手段になるのであろうと思います。

布施克彦『自分の本のつくり方』を読む

武田出版の精神を受け継ぐ形で、二〇〇八年に湘南の地に産声を上げた新しい出版社があります。湘南社です。この湘南社の社長、田中康俊氏は、五十歳直前まで一部上場企業に勤務していたサラリーマンでした。その田中氏が一念発起して作ったこの会社も、武田出版と同様に、人が自分の本をつくる活動を、熱意をもって支援する出版社です。創業から十年で、すでに一〇〇点を超える本を手掛けています。

この湘南社からも村上氏の『本づくりの本』と同じように、「自費出版実践マニュアル」と副題を付けた本が出ています。それが『自分の本のつくり方』（布施克彦著）です。この本では、一貫して、「人に読んでもらう本を書くにはどうしたらいいのか」ということが、さまざまな角度から提言されています。この本の著者こそ、先に全国区の書き手として巣立っていかれた布施氏その人です。

先に見てきた作家や大学の先生が書く「文章読本」の類とは一線を画し、徹底的に無名一般人の目線から、自身の自費出版の体験も交えて、実用的に解説されています。目的を自費出版のために文章を書くという一点に絞った場合には、他のどの本よりも役に立つ一冊になるように思います。

この本の「はじめに」の冒頭に、このようにあります。

本を書きたい人は大勢いる。わたしも自分の本が出したくて仕方ない人間だった。そして最初の本を自費出版した。それがきっかけとなり、脱サラして運よくプロの物書きになることができた。

今までに何冊もの本を商業出版したが、最初に自費出版した自らの著書を手にしたときの感激は忘れられない。そのとき、二本の足で立つ人生の舞台が、グイとせり上るような気がした。

（布施克彦『自分の本のつくり方』湘南社）

ここには、自分の本を世に送り出したかった人のホンネが書かれているように思います。「二本の足で立つ人生の舞台」が「グイとせり上る」などはまさに意気高揚とした心持ちがそのままストレートに伝わってきます。正直な感慨だったのでしょう。

布施氏が最初の自費出版本を出したのち、商業出版社から本を出すに至るまでの経緯について第3章で簡単に紹介しました。当時、中堅出版社で編集の仕事をしていたわたしと出会ったことが、ひとつのきっかけになったのは事実です。けれどもその前に、布施氏は自身で文章作法を学び努力を重ねていたこと、また積極的により多くの読者に届く書き方を身に付けようと情報を集めていたことなどが前提にあってはじめて、商業出版社からの出版にたどり着けたとふり返っています。

ですが、この布施氏のような人はおそらく世の中に多くいるように思うのです。先述のとおり、わたしが出版社の編集部にいた頃、持ち込み原稿が年間二百ほど送られてくる時期がありました。それらのどれもが、文章力の点でもテーマにおいてもさほど遜色はなかったと書きました。商業出版と決定的にちがうのは、より多くの読者のところへ届く切り口かどうか、テーマ取りは普遍的かどうか、という点でした。

それらの点さえクリアできれば、逆に、商業出版として流通に乗せる可能性だってありうるのです。もちろん、書き手の知名度と過去の実績というものが小さくない要素ではありません。ですが、まともな出版社の編集者であれば、常時、新たな才能の発見・発掘を心ひそかに願い、虎視眈々と探しているものです。いくら販売金額が二十年前から半減したといっても、人間が文字を使って表現を続ける限りにおいて、出版という行為、ましてやその元となる「書く」という行為が廃《すた》れてなくなることはあり得ません。書いて表現する前提があって出版業というのはこれまで成り立ってきたわけですし、盛り上がってきたのですから。

申し上げたいことは、あなたの書いた文章も、商業出版に乗る可能性があるということです。布施氏はそれを実現しましたし、出版社も、言われるほど閉鎖的で門戸を閉ざしてばかりではありません。繰り返しますが、まともな出版社なら、本当の才能をすくい上げるだけの土壌と度量を持っているものです。

この場合の出版社とは、必ずしも大手とは限りません。むしろ少人数でやっている出版社のほうが、名のある書き手に書いてもらえる機会が少ない分だけ、新人を発掘する意欲をもっていたりするものです。またその機会を狙っている可能性はあるのです。布施氏のこの本には、そのあたりのヒントとなる実例が十分に盛り込まれているように思います。

百年後のだれかにも読まれる可能性

今現在、わが国で出版された本はすべて、基本的にはどの本も国立国会図書館に一冊ずつ寄贈されることが義務づけられています。これは国立国会図書館法第二十五条に定められている法的な事実です。といっても、無料で収めるのではなく、大手取次を経由して、半額程度で購入してくれることになっています。

また、もちろん一般市販すれば、全国の図書館が書店（図書館流通センターや地元の書店）を通じて購入してくれる可能性は低くありません。年々図書館の予算が減り続けているので、かつてほどどの図書館も予算に余裕はないので、どうしても地域住民のリクエストに応える形で、先のベストセラーの複本とか文庫や新書といった、廉価なものばかりを求めることにもつながってしまっているのは問題です。

とはいえ、どの図書館も、できれば「資料性の高い」、地域に貢献する本や希少性の高い本を大事にする気質がなくなったわけではありません。したがって図書館というのは、まだこれからも本を出す者（著者、出版社、書店）にとっては、大切な存在なのです。

そして、あなたがこの世からいなくなっても、一度、図書館に収められた本は、十年や二十年程度で捨てられてしまうことはありません。もちろん現在も一日に二〇〇点近くの新刊本が出版されている実情を見れば、あまり貸し出されない本は次第に書庫へと追いやられ、やがて廃棄される運命にあるという側面もあります。

しかし地域性や資料性の高い本は、ものによっては百年後の読者にだって手に取って開いてもらえる可能性があるのです。そもそも本を出す意味というのは、同時代の人たちだけではなく、後世の人たちに伝え残していくことが目的の一つでもあったわけです。

『聖書』だって、『コーラン』だって『歎異抄』だって、師の教えを後の時代の信徒に伝承していくために書き残された書物です。あなたが書いた本が、いつかまったく知らない後の時代のだれかの目に触れる、そしてその本を参考にしてくれる、そのことを目をつむって想像するだけでも愉快で愛おしいことだと思いませんか。

「生きた証」をこの世に刻むために

かつて思想家の吉本隆明は、生活そのものは、たいていの人が送るふつうの生活と同じようにする、つまり、結婚して子どもを産み、育て、やがて子に疎んじられ老いさらばえて死んでいくという、ごく一般の人たちが送る生き方が一つの理想であると書きました。けれど、こと表現する立場となる場合は、人びとがしないことをする時間を使わざるを得ない。皆が右を向くのなら表現者は左を向いてみる。目の前に二つの道がある場合、どちらを選ぶかと問われれば、よりきつく厳しいほうの道を行けと、吉本はいいました。

確かにわたしが三十年間つき合ってきた書き手の人たちというのは、一般のサラリーマンとはちがう、やはり一風変わった人といいますか、人種の異なる人のように見えました。おそらくかれらは、皆が向く方向とは少しちがう方向を向いて、そこで自分が持て余した「過剰さ」を吐き出すように自分を仕向けていたのではないかとふり返っています。

その作業は、汚いたとえで恐れ入りますが、酒を飲みすぎて酔って嘔吐する感覚に近いのかもしれません。どうにも吐き出さなければいられない何かを抱えてしまい、それを吐き出さないと気持ちが悪くて仕方がない、自分ではふつうに暮らしたいのにどうにもならない、吐き出せば楽になる。でもまた何かが貯まってきてまた吐き出したくなる……というように。

こんなふうに、もしあなたが何かを精神に抱え込んでしまい、それを吐き出したい衝動にかられたなら、出版というのはあなたを少し楽にしてくれるものになるかもしれません。苦しいけれど、表に出したい。本という形は、それを受けとめる受け皿にもなる。自分という人間が一時代を生き抜いた「証し」として、後世にまで残っていくものなのです。

モーションは大きい程いい

表現ということで、象徴的な詩が残っているので紹介します。中原中也の『山羊の歌』に所収の「Ⅲ独語」という詩。

器の中の水が揺れないやうに、
器を持ち運ぶことは大切なのだ。
さうでさへあるならば
モーションは大きい程いい。

しかしさうするために、
もはや工夫を凝らす余地もないなら……
心よ、

謙抑にして神恵を待てよ。

わたしの身勝手な解釈かもしれませんが、これは中也が詩を作るに際して持っていた思いなのではないでしょうか。詩という文学形態の一つの「器」に言葉という水を入れるにあたっては、器を持ち運んでも器（詩）から水（言葉）がこぼれない限り、モーション（表現）は大きければ大きいほどいいのだと。そして、もうこれ以上しぼり出しても言葉はどうにも出てこないという限界まで来たのなら、そのときは神が降りてきてくれるのを待つしかない、という意味なのではないかととらえています。

知り合いの画家が同じようなことを言っているのを聞いたことがあります。絵の締め切りは一カ月後にくる。描いても描いても納得のいく作品ができない。そういうときは、ただじっとして、あるいはほかのことをしながら、ひたすら神が降りてくるのを待つのだと。すると締め切り直前ぎりぎりになって、降りてくる（こないこともあって、困ることもかつてはあったそうですが）のだというのです。

みなさんは、今はまだ締め切りに追われる立場ではありませんが、自己出版の場合でも、この締め切りというのは他者から設けられる前に、まずは自分で設定してもよいのかもしれません。まったくプレッシャーがないというのも決して健全なことではないと思います。ちなみに中原中也のこの『山羊の歌』という第一詩集は、限定二〇〇部の自費出版本でした。

＊

新書編集長の時代にスタッフによく言っていたことがあります。かれらからよく問われた、どんな本がいい本なのか、という質問に対する答えとして。

「書店店頭で手に取る時、お客さんというのは、何をおいても、ほかならぬこの自分のために役に立つ本なのかどうか、それは必ずしも実用の意味だけでなく、情緒的な意味も含めて、そこを見極めてから、なけなしのお金とともに本を持ってレジまで進む。でもそれを家に持って帰って読み、読み終わった時には、自分のことだけでなく、世の中や社会全体のことも考え、慮るようになっている、そういう本を作れたら、最高じゃないか」と。

入口は私利私欲、でも出口は公共性へとつながる、そういう本を、わたしたちと一緒に作ってみませんか？

これが、わたしからの最後のメッセージです。

参考文献

第1章

荒石誠『出版のススメ』(アマゾンKDP)二〇一七年一二月

第2章

高須次郎『出版の崩壊とアマゾン』論創社、二〇一八年一一月

第4章

加藤典洋『言語表現法講義』岩波書店、一九九六年一〇月
外山滋比古『思考の整理学』ちくま文庫、一九八六年四月
丸谷才一『文章読本』中公文庫、一九八〇年九月
中村明『名文』筑摩書房、一九七九年三月
晴山陽一『ベストセラーを書く技術』自由国民社、二〇一八年八月
丸山健二『まだ見ぬ書き手へ』朝日文芸文庫、一九九七年五月
小谷野敦『評論家入門』平凡社新書、二〇〇四年一一月

第5章

梅田卓夫・清水良典・服部左右一・松川由博『新作文宣言』ちくまライブラリー、一九八九年七月
加藤典洋『この時代の生き方』講談社、一九九五年一二月
先崎学『うつ病九段』文藝春秋、二〇一八年七月

第6章
松田哲夫『「王様のブランチ」のブックガイド200』小学館新書、二〇〇九年六月
勢古浩爾『定年バカ』SB新書、二〇一七年一一月
高田高史『社史の図書館と司書の物語』柏書房、二〇一七年一月

第7章
村上光太郎『本づくりの本』武田出版、一九九九年三月
布施克彦『自分の本のつくり方』湘南社、二〇〇九年一〇月
『中原中也詩集』河上徹太郎編、角川文庫、一九六八年一二月

付録　自費出版実践マニュアル

株式会社 湘南社　田中康俊

私の「自費出版」との出合い

私が最初に出合った自費出版書は、もう十二年以上前になります。わが子を二十歳そこそこの若さで亡くした父親が出版した本でした。八十歳を超えた著者の手記と、子どもが生前まだ元気だった頃に書いた日記や作文で構成されていました。わが子が誕生した時の喜びや成長の過程、そして失った時の心情が、素直にせつせつと書かれていました。本を読むことは子どもの頃から好きで、多くの感動的な本に出合ってきましたが、それまでとは違う実に切実な感動を、その自費出版書から得ることができました。

それから数冊の自費出版書を読んでみました。常磐ハワイアンセンター（現・スパリゾートハワイアンズ）プロジェクトを立ち上げた苦労談。日本列島を歩いて縦断した人の紀行文。癌に侵された夫をモデルにした私小説。自分は禿なのに頭髪専門の化粧品会社に出向させられた著者の悪戦苦闘話は、抱腹絶倒ものでした。

それらの文章は決して上手いとはいえませんでした。構成や装丁が必ずしも丁寧ではありません。校正漏れや誤植も気になりました。しかしそれらは些細なことでした。プロの物書きではないからこそ、「売れること」を気にする必要はありません。決して小さくない出費をしてまで、どうしても出したかった本。だからこそ、どれも感動的だったのだと思います。私は心底魅了させられてしまいました。

私はその頃、地元湘南の情報を発信する雑誌を約十年作り続けており、自らも執筆、編集をしていました。この雑誌で世に隠れた自費出版書を紹介できないかと思い、誌名をそれまでの『えのしま』から『えのしま出版』に変更し、毎号五～六作の自費出版書を紹介し始めました（残念ながら今は廃刊となっています）。そして、二十四年間勤めた会社を退職し、地元の出版社で一年間修行した後、一念発起して、二〇〇八年に自費出版書を中心に発行する出版社「湘南社」を立ち上げました。

自費出版の意義と喜び

自費出版することには、大きな意義と喜びがあると思います。

まず、本を作るには大量の文章を書くことが必要です。単行本の平均文字数は、四六判（１２８㎜×１８８㎜）で一頁約六〇〇文字になります。扉や目次、奥付などを入れて一〇〇頁の本でも、約五万文字（原稿用紙一二五枚）の文章が必要です。また、「章立て」を構成し、読む人が理解しやすいように効果的な「大見出し」や「小見出し」を考えて原稿整理をしないといけません。また、その本の内容を数文字で伝える効果的な「タイトル」や「サブタイトル」を考えないといけません。それらの作業を通して、それまで漫然と考えていたことを一度棚卸し、順序だてて自身の頭の中を再整理することになるのです。頭の中のものを文章にする過程によって、それまでに思いつかなかった新たな発想や、考え方の誤りを発見することはよくあります。

「自分に果たしてそんなに多くの文章が書けるだろうか?」、「文章といえば子どもの頃に書いた作文くらいなものだ」と思う人もいるでしょうが、心配することはありません。それなりの人生を歩んだ人には、必ず書けるはずです。現在は「活字離れの時代」とよく言われていますが、そんなことはありません。ＩＴ機器の一般化によって、「メール」や「ブログ」といった文章を、知らず知らずのうちに書いているのです。伝達手段といえば「電話」、情報収集といえば「テレビ」だったひと昔前よりも、ごく自然に活字に親しんでいると思います。現代は、確かに「紙離れ」かもしれませんが、「活字離れ」の時代ではないと思います。

あせる必要もありません、プロの著者と違って、締め切りはないのです。じっくりと納得できるまで、書き直せばよいのです。出版社の編集者も、きっと親身になって相談に乗ってくれると思います。よいアドバイスをもらえるはずです。第三者のプロである編集者の意見を聞きながら、完成させていくことは大切です。

どうしても自分で書けない場合は、口述してライターに書いてもらうという方法もあります。しかし、どんなに優秀なライターでも、あなた自身ではありません。必ず乖離があります。本になった時点で納得できなくても後の祭りなので、じっくりと吟味して、遠慮せずに何度も納得いくまで書き直してもらいましょう。

出版後、読者や献本された人から必ずといっていいほど反響があります。謝辞や感想を述べるだけではなく、誤りを指摘したり、意見を言ってくれる人もいると思います。購読した人は、著者と近い考えや趣味を持つ人でしょう。読者から連絡をもらい、人脈が広がったというお話はよく聞きます。

出版することは、自分の頭の中を再整理し、完成度を高め、新たな人付き合いを広げるコミュニケーション手段です。「出版することによって、自身の成長につながる」と言います。だからこそ、安くはない費用がかかるということで最初は躊躇しても、出版後は満足する人が大半で、リピーターになる人も大勢いるのです。

出版しようと思ったら（出版社選び）

具体的に出版しようと思ったら、原稿が完成していなくても、一度出版社に相談してみましょう。例え企画段階でも歓迎されるはずです。むしろ、自分一人で考えるよりも、編集者という第三者の意見を聞きながら執筆を進めた方が、独りよがりに陥ることもないですし、原稿の書き方に関するアドバイスをもらえるかもしれません。

出版社にもいろいろとあります。出版社は中小零細企業が多いのですが、最近では大手の商業出版社も自費出版募集を広告していますし、自費出版を専門とする大手出版社も存在します。大手出版社は新聞等で出版本の宣伝をしてくれる可能性もありますが、その分コストもかかり、出版費用は割高になるでしょう。

出版社以外では、多くの印刷会社も自費出版事業をやっています。出版社と比べると費用は安いようですが、中には著者に行数、文字数を指定し、そのデータをただ流して印刷するだけで、編集もなければ校正もしない、装丁も型どおりというところもあるそうです。

他に新聞社や書店でも、自費出版を手掛けているところもあります。

注意すべきは、自費出版の広告は出しているものの、専門の部署や担当者を置かず、本業の片手間でやっているところもあるらしいということです。細かい相談に対応してくれなかった、必要以上に待たされた、といったような苦情を聞いたことがあります。

出版社選びは費用対効果です。たとえ費用が高くてもそれに見合うサービスがあればいい、と思う人もいらっしゃるし、いろいろなサービスは要らないから安価でとにかく本の形になればいい、と思っていらっしゃる人もいると思います。

だいたいの「頁数」、「部数」、「装丁（ハードカバーなど）」、「書店流通の希望の有無」等を決めて数社に見積りを依頼し、見比べた後に決定する方がよいと思います。極端に安い所は、よく説明を受けた方がよいでしょう。だいたいの印刷相場は決まっています。極端に安い場合は、なんらかの理由があるはずです。

おもな出版費用

具体的な出版費用については、頁数と発行部数によっておおまかな金額がわかります。頁数が多くなれば当然版が増えるので、費用は高くなります。印刷は、十六頁（折）単位なので、その範囲内であれば印刷費は基本的に同じです。ただし、たとえ一頁でも（一折一六頁）増えると費用は上がります。

また、発行部数が多くなれば印刷コストが上がるので、出版費用は高くなります。最近はオンデマンド印刷が普及し、数部でも印刷できるようになっていますが、五〇部を超えると普通のオフセット印刷との比較は微妙になります。オフセット印刷ですと、数十冊の差ではほとんど印刷費は変わりません。弊社でも五〇部以下を希望する方には、一〇〇部以上の印刷を勧めています。後日足りなくなって新たに追加印刷する場合は、さらに大きな印刷費用が必要になります。流通を希望する場合は、流通部数が最低でも二〇〇部は必要になります。最近は出版不況で、よほどのことがない限り数千冊の配本は困難です。数百冊から千冊の間で編集者と話し合い、発行部数を決定しましょう。

カバーのデザインや紙を決める作業は、本作りの中でも特に楽しい作業ですが、特殊な紙を使うとかなり費用は上がります。また、印刷する色数によっても費用は変わり、二色刷と四色刷（フルカラー）ではかなり差が出ます。デザインについては、イメージを正確に伝えて、できる限り希望に近いものにしてもらいましょう。通常、二～三案出してくれると思います。製本については、ハードカバー（上製本）は高級感がありますが、その分高くつきます。高級な本では、化粧扉（本文の前にタイトルを入れた頁）に別の紙を使うことが普通ですが、それも別料金になります。

本文内にカラーページが入ると、大幅に費用が上がります。例えば一頁だけにカラーのイラストを入れると、八頁全部がカラー印刷の料金になります。もちろん、巻頭や巻末に写真等のグラビアを入れる場合も追加料金になります。

　他の費用については、データ入稿ではなく、原稿用紙等の手書きで入稿する場合は、文字の入力作業が追加されるので、その分割高になります。入力の専門業者もいます。一文字の入力費用を確認した上で、出版社に手書き入稿した方が安いかどうかを比較検討した方がよいでしょう。

　また、イラストや図表の作製、写真の撮影は別途料金が必要になりますし、図版の読取り、調整、挿入にも通常多少の料金が発生します。

　比較的出版費用が安くすむのは、「電子書籍」と「プリントオンデマンド」です。電子書籍はご存知のとおり、アマゾンや楽天より書籍データをダウンロードして、タブレットや専用リーダーで読む方法です。プリントオンデマンドとは、アマゾンで受注した後に印刷・製本して出荷する方法です。

　印刷・製本費がゼロ、もしくは大幅に割安になりますので、もちろん出版費用は安くなります。しかし、デメリットも多くあります。両方とも書店に並ぶわけではないので、著者名がほとんど認知されていない自費出版書は、よほどタイトルが興味をそそる魅惑的なものでない限り、なかなか読者に見つけていただけません。また、著者自身も定価での購入となるので、知人や縁者に無料で配ると、その分の費用を負担しなければなりません。

契約についての留意点

出版費用に納得したら、次は契約となります。ほとんどの出版社が契約書を発行して双方で契約事項を確認しています。契約書を交わさないような出版社でしたら、即刻出版依頼をキャンセルしてください。出版は長い作業ですから、書面で取り決めをしておかないと、後で言った言わないのもめごとにもなりかねません。

契約にあたって留意するのは次の諸点です。

1．出版費用の支払について＝「契約時」「初校時」「納本時」等の分割払いが一般的です。

2．本の所有権について＝著者が出版費用を負担する自費出版ですから、保管は出版社がしたとしても、所有権は著者にあるべきです。このことは重要です。
著作権も著者に帰属しますが、出版権は法律上三年間は出版社にあります。他社での電子書籍化等、他の媒体での発表を考える方は、その間の対応につき、事前に相談した方がよいでしょう。

3. 流通・配本について＝特に誤解が多く、トラブルが多いのが、流通に関するものです。くわしくは後で説明しますが、出版社によって流通方法はまちまちです。その出版社がどのようなルートで流通するのか、十分に説明を受けておいた方がよいと思います。

4. 流通した場合の販売金の配分について＝商業出版ではなく、あくまで著者の費用で出版します。「原稿料」「印税」という名目で出版社が支払うというより、本の売上利益の中から著者が出版社に「流通手数料」を支払うという方が適切です。例えば弊社では、売上利益から流通経費を引いた純利益の中から、弊社への「流通手数料」（事前に取り決め）を差し引いた残額を、著者の取り分としています。

5. 契約後の変更について＝出版は長い作業です。その過程において内容を変更したり、書き足したりして契約当初の頁数と違ってきた、または発行部数を変更したいということはよくあります。また、やむを得ない事情で、出版を断念せざるを得ないことがあるかもしれません。契約後の変更や、中途解約についても、きちんと取り決めをしておきましょう。

6．出版総費用には、「印刷費」「製本費」「流通経費」といった比較的金額が明瞭な費用もありますが、「編集費」「制作費」「デザイン費」「流通手数料」等、金額計算が曖昧な費用もあります。「あなたの原稿は素晴らしいので、出版費用の半分は弊社が持ちますから、ぜひ出版しましょう」と言われたが、出版費用が半分のわりには、他社で見積りしてもらった金額とあまり変わらなかった、といった話を聞くことがあります。出版総費用自体に統一した定義はないので、半分とはどこまでかが曖昧です。このような甘い誘いにはくれぐれも気をつけましょう。

流通について

「あなたの本が書店に並びます」というキャッチフレーズを見て、無名の私なんかが書いた本が書店に並ぶはずがない、と言う人がいます。そんなことはありません。著名な著者の本だけが、書店に配本されるわけではありません。本の種類や内容によって数は違いますが、基本的に新刊本であれば、数百冊は書店に配本されます。ただし、出版社がどのような流通ルートを持ち、どのルートを使って配本するかで違います。配本形態のおおざっぱな概略は、次のようなものです。

1. 本の問屋さんである日販、トーハン等の取次を通して、全国書店、図書館、ネット販売等々に配本する方法。この方法にも二種類あります。

①委託配本＝書店からの注文がなくても、取次が配本する方法

②注文配本＝書店からの注文があってはじめて配本される方法

②のルートだけで配本している出版社もあります。

2. 取次は通さず、各々の書店と個別にコーナー（棚）契約を交し、その書店に配本する方法。陳列される場所はそれぞれの分類の棚ではなく、通常その出版社が契約しているコーナー（棚）になります。

3. 取次を通さず、書店を訪問し、担当者と直接交渉して納本してもらう方法。ただし都心の有名書店は、「直取引禁止」としているところが多いようです。

弊社は、（株）星雲社の流通ルートから、十数社の取次店を通して、全国の書店、図書館、ネット販売等に委託配本、注文配本しています。

注意すべきは、特定の書店に配本されるかどうかは、保証できないということです。私の家の近くのあの書店に配本したい、というような場合は、事前に書店に了解を求めて、配本数、番線（書店コード）等を確認しておく必要があります。

「あなたの本があの有名作家〇〇の隣に並びます」というのは、かなり誇張した表現です。どこに並べるかは、あくまでも書店の判断で、出版社や著者が強制できるものではありません（お願いはできるでしょうが……）。

書店に配本されても、売れるかどうかは別問題です。多くの本が、残念ながら返本されてくるのが実状です。もちろん中には売れる本もありますが、大方の本は、そんなに多く売れるものではありません。このあたりのことは出版の際、事前に認識しておいた方がよいでしょう。

本ができたら

何度か出版を経験した人でも、自分の本が届きダンボールを開ける時は、やはりワクワクすると言います。まして初めて出版する人にとって、自分の本を手に取ったときの感動は、今までになかったものかもしれません。私自身も最初に雑誌を作り、受け取った時の嬉しさをいまだに忘れていません。また、私たち編集者も、著者とともに喜びを共有する瞬間が至福の時間だといえます。

できあがったら、まず友人、知人に配ると思います。驚かれたり、感心されたり、褒められたりするでしょうし、また内容を批判されたり、間違いを指摘されたり等の辛口批評をもらうこともあるでしょうが、それも読んでもらったことの証です。ただ自分一人で書いて、読んで自己満足に浸るよりも、大きな充足感を得ることができると思います。

友人、知人以外にも、関連のある人や関心のある人に献本してみましょう。迷惑に感じる人は多くないはずです。私の知っている著者から、「以前から尊敬していた人に送ってみたら、身に余るご丁寧な感想をもらった」とか、「献本をきっかけに思わぬ人脈が広がり、貴重な友人ができた」などの話を聞いています。

また、新聞社の地方版や、地方紙、業界紙、地域雑誌他に著作を送ってみましょう。取材依頼がくる可能性があります。その記事をきっかけに読者が増えることもあります。私が最初に雑誌を出した頃、新聞の地方版に掲載され、多くのお問い合わせをもらいました。それがきっかけで十年以上経った今も親しく付き合っている友人もいます。

前にも書きましたが、自費出版をするにあたり、迷ったり躊躇したりしても、出版後は満足する人が大半です。数年後にまた新しい本を出版する人も多数います。

弊社は、名の知れている有名な先生や地域の名士の方だけでなく、一般の人々に自分の経験や考えを本にして、出版することの喜びや充実感を是非味わってもらいたいと考えています。そして、人々の多様な生き様や地域の歴史を世に残していきたいと思っています。これから出版をお考えの方は、ぜひお気軽にご連絡ください。

株式会社 湘南社 代表 田中康俊

〒251―0035
藤沢市片瀬海岸3―24―10―108
TEL：0466―26―0068
FAX：0466―47―7168
mail：info@shonansya.com
URL：http://shonansya.com

●著者プロフィール

湘南社編集部

片山清太郎：1961（昭和 36）年東京生まれ。大学卒業後、新聞社系雑誌社に３年半、その後、書籍出版社に 30 年勤務、2018（平成 30）年６月をもって退職。湘南社社友。

田 中 康 俊：1957（昭和 32）年福岡県生まれ。青山学院大学卒業後、アパレル会社に勤務ののち出版社勤務を経て、 2008（平成 20）年に湘南社を設立。現在まで 100 点以上の書籍を手掛ける。湘南社代表取締役社長。

『出版のすすめ』

発　行　2019 年 10 月 1 日　第一版発行

著　者　湘南社編集部

発行者　田中康俊

発行所　株式会社 湘南社　http://shonansya.com

神奈川県藤沢市片瀬海岸 3-24-10-108

TEL　0466-26-0068

発売所　株式会社 星雲社

東京都文京区水道 1-3-30

TEL　03-3868-3275

印刷所　モリモト印刷株式会社

ISBN 978-4-434-26577-8　C0095